日本三景の謎

—天橋立、宮島、松島——知られざる日本史の真実—

宮元健次

祥伝社黄金文庫

はじめに

本書は、従来あまり著されることがなかった日本三景の成り立ちと知られざる謎についてまとめたものである。

風光明媚な絶景として、古来より歌われてきた日本三景は、はたして本当にその景観上の美しさだけで選ばれた地なのだろうか。

謎解きのまず一つ目は、三景それぞれが古代からの軍事的要衝であり、日本の防衛上、きわめて重視された軍港であったということ。

第二に日本三景すべてが地図上、一本の直線へ正確に並ぶこと。それは偶然の符合ではなく、それぞれの景観がこの軸線に対応するしくみをもち、またこの軸線は一年で最も太陽の勢いが強い夏至の日の出と、最も勢いが弱い冬至の日没の方位軸と一致する自然暦を形成していること。

第三に、日本三景の一つ、天橋立《あまのはしだて》は渡来人の上陸地点であり、あの卑弥呼《ひみこ》の出身地でもあり、皇祖神「天照大神《あまてらすおおみかみ》」を祀《まつ》る伊勢神宮の外宮《げくう》がもとあった聖地であったこと。水銀や銀などの鉱物資源を狙われて二度にわたり、大和朝廷の征服を受け、その一つがあの聖徳太子《しょうとくたいし》一族によるものだったこと。

第四に、日本三景の一つ宮島《みやじま》は、月を信仰する土地柄で、宮島に建つ厳島《いつくしま》神社は、月の入りとその引力で起きる潮の干満を重視してきたこと。また近世の南蛮貿易やキリスト教布教の影響から、厳島神社の造形にはヨーロッパ・ルネサンス建築の手法が数多く取り入れられていること。

第五に日本三景の一つ松島《まつしま》について、古代における蝦夷《えみし》征服の拠点として、また征服後の鎮魂の地として重視されたこと。また近世に入り、あの「独眼竜」伊達政宗《だてまさむね》の「隠し砦」として松島が重視されたこと。

以上、単なる景観美を誇る日本三景の姿を追うのではなく、その背後に隠された成立の真実について明らかにされたならば、本書のもくろみは果たされたことになる。

二〇一〇年九月

著者

目次

第一章　天橋立とおとぎ話伝説　43

第三章 松島と独眼竜 207

写真協力／厳島神社・天橋立観光協会

序章　日本三景の知られざる真実

1　一直線に並ぶ古代軍事拠点——

江戸時代に始まるベスト3

日本三景とは、日本を代表する絶景をもつ名勝地のことである。一つは京都府の日本海側にある細長い地形の「天橋立」。次に宮城県の太平洋側に群島を形成する「松島」。そして三つ目が広島県の瀬戸内海に浮かぶ、世界文化遺産・厳島神社の建つ「宮島」。

それぞれ古来、詩歌に詠まれ、また絵画に描かれ、その景観が絶賛されてきた絶景地である。

現在でもその人気はきわめて高い。年間観光客数をみると、各地ともに周辺を含め、それぞれ天橋立三七〇万人、松島六二〇万人、宮島五六〇万人となり、合計で年間一五五〇万人もの人々が訪れることになる。

それでは日本三景がいつ頃から知られるようになったのかといえば、江戸時代初期までさかのぼる。一六四三年、儒学者としてつとに有名な林羅山《はやしらざん》の子・春斎《しゅんさい》が『日本国事跡考』という本に松島と丹後・天橋立、安芸・厳島を「三処奇観」として初めて規定した。

しかし、はたして春斎は、これら日本三景を実際に見たうえで提言したのだろうか。春斎が幕府に提出した家譜や、年譜には三景を訪れた形跡がいっさいないという(宇野茂彦)。

実際は訪れることなく選ばれた日本三景は、その発端とは裏腹にひとり歩きを始め、一六八九年には儒学者の貝原益軒《かいばらえきけん》が『和漢名数大全』に松島、天橋立、宮島をあげており、春斎の認識が広く普及しはじめたことがわかる。

ところが益軒は『己巳紀行《きし》』に次のように記している。

「日本三景の内、松島はいまだ見ず。安芸の厳島(宮島)、丹後天橋立も尤美景也といえども、おそらくは北浦の畑景には及ぶべからず」

つまり、益軒は松島は訪れていないうえに、松島や天橋立よりも和歌の浦のほうが勝っていると、ここで正直な心境として告白しているのである。

現に天橋立のような砂礁は、北海道・野付《のつけ》半島やサロマ湖にもあって当時から知られ、さして珍しいものではなかったという。

こうした天橋立、松島、宮島を日本三景とすることに否定的な記述は他にも数多く、江戸後期の地理学者・古川古松軒《ふるかわこしょうけん》は『東遊雑記』に「実際に見聞した経験に基づいて言うならば、富士山、田子浦、清見ケ関などの風景が日本第一位」であると、まったく別の三景を挙げている。

天橋立にいたっては、すでに江戸時代において切断計画があったほど軽んじられている。一七一六年、内海に面する溝尻《みぞしり》村は、内外の海の通運の不便さと漁業不振から、宮津藩に天橋立切断の許可を求める訴状を提出した。しかし、智恩寺《ちおんじ》の「不吉第一に奉存候」という理由から切断は見送られたという。

その後も一七三九年、一七四九年に再び切断を求める願いが出された。明治以後も一八六八年に橋立切断のもくろみが起こっている。第二次大戦中の一九三七年、今度は政府の商工大臣がニッケル工場にとって邪魔だという理由から切断計画を発表、しかしかろうじて切断をまぬがれたという。

このように江戸期から昭和にかけて、繰返し切断計画が出されるほど、天橋立の評価は不安定であったといってよい。

こうしてみてくると、松島、天橋立、宮島を日本三景とする林春斎の提言は、広く普及しつつも、実際には別の景観を三景に挙げる意見もまた強かったことがうかがえるのだ。

軍港・松島

それでは、そもそも日本三景として林春斎はなぜ松島、天橋立、宮島の三カ所を選んだのだろうか。そのヒントは、春斎の記述が『日本国事跡考』と呼ばれる、国史の重要事項をまとめたものに載せられたということにある。

長谷川成一氏は、『日本国事跡考』は江戸幕府の官学を司る林家による幕藩体制下における日本の国家像を知るための必携書であったと、その軍事性を指摘している。これら三つの地域に共通するのは、古代における軍事的重要拠点であったということだ。

例えば松島の美しさは、二六〇にも及ぶ小島の景観にあるといわれるが、ごつごつとした岩場で暗礁も多く、外来者にとって航行がきわめて困難な天然の要害であった。そこで古代における多賀《たが》城の軍港として機能したという。

多賀城とは陸奥国《むつのくに》の国府であり、陸奥・出羽《でわ》両国の行政監督官・按察使《あぜち》も配された東北経営の中枢である。なにより東北地方の原住民・蝦夷《えみし》を征討する軍事拠点・鎮守《ちんじゅ》府《ふ》が置かれていた。

蝦夷征討は、遅くとも七世紀前半には始まっていたとみられ、当時は水上交通が主流であった。よって松島も軍港として機能していたものと思われ、六三一年の史料に「陸奥宮城郡松島」(『類聚国史《るいじゅうこくし》』)とあり、また『続日本紀《しょくにほんぎ》』の同時期の記述にも松島の地名があることが、それを裏付けている。

蝦夷征討が本格化したのは、多賀柵が多賀城に発展した七二一年頃である。七九七

松島湾内外にある大小260あまりの諸島からなる松島

年には「征夷大将軍《せいいたいしょうぐん》」として坂上田村麻呂《さかのうえのたむらまろ》が派遣され、やがて征服に成功する。その後、日本の政治の実権を握る「将軍」職の発端は、蝦夷征服にあったことになる。

いっぽう江戸時代には松島に藩主・伊達政宗が瑞巌寺《ずいがんじ》や五大堂、観瀾亭《かんらんてい》などの直轄の施設を造営した。これらは、政宗が松島を軍港として利用した名残りとみられる。政宗の居城・仙台城に万が一のことがあった時に、藩主が退避できるよう要塞化したものという。

今日瑞巌寺を観察すると、畳下に寺院としては不釣り合いな分厚い板が張られており、寺自体が防衛拠点となるよう造られていたことがわかる。また観瀾亭は、見晴らしがよく、城郭の天守の役割をもつように建てられていたことも、この際、参考となろう。

一六八〇年、松尾芭蕉《まつおばしょう》が奥の細道へと旅立ち、松島をはじめとして仙台の城や関所、軍事施設を見廻っている記録から、芭蕉が幕府の隠密ではないかとする説がすでに江戸時代より唱えられてきた。

芭蕉は仙台城へ大手門から入城している。大手門から入れるのは、当時の常識として大名か幕府の使者のみ。つまり芭蕉が隠密であることは仙台藩にばれていたので、大手門から入れたというのだ。現に芭蕉と同行した弟子の曾良《そら》は、師と別れた後に諸国の政情を調査する御用人の役に就いている。

ちなみに多賀城跡には一九四二年、第二次大戦の空襲を逃れて海軍の銃器や火薬を生産するため、多賀城海軍工廠松島地区が建設され、製造された武器類は松島港より各地へ輸送されたという。古代から近代にいたるまで松島は、常に軍港として用いられてきたのである。

古代の軍事的要衝・宮島

次に、日本三景のひとつ宮島と古代の軍事には、いったいどんな関係があるのか。宮島は瀬戸内海に位置し、中国から九州を経て、波の静かな瀬戸内海を通り、難波《なにわ》から都へ着く海上ルートの最重要軍事拠点といってよい。

同じく吉備《きび》（現在の岡山県）も瀬戸内海に面するが、昔話の筆頭とされる桃太郎伝説は、大和朝廷の征服を説話化されたものであるといわれる。平清盛《たいらのきよもり》が宮島に拠点を置いて一一六八年厳島神社を再建したのも、国防の観点からみれば当然のことであった。

また、一五五五年にこの地で「厳島の合戦」が起こったのも、この地が軍事的拠点であることを物語っている。

さらに現在、厳島神社に建つ千畳閣《せんじょうかく》は豊臣秀吉《とよとみひでよし》が自らの御殿として建設し、軍事的に重視したといわれる。

ちなみに明治以降も、敗戦まで宮島は旧陸軍の管理によっていた。

いっぽう第二次大戦時、宮島のある広島には軍港があったし、何より、日清・日露戦争戦勝の聖地であった。広島城内には現在も日清戦争当時の明治天皇行幸跡がある。

海軍兵学校があったのも、あの戦艦大和が建造されたのも広島であった。このように広島が近代において軍事都市化したのも、宮島を含め、瀬戸内海の軍事拠点に位置したためだといってよいだろう。

平成８年12月に世界遺産登録された宮島の厳島神社

宮島に建つ世界文化遺産・厳島神社は五九三年、佐伯鞍職《さえきのくらもと》が創建したと伝わる。以後、佐伯氏が厳島神社の神職を長くつとめた。

佐伯氏とは『日本書紀』によれば、日本武尊《やまとたけるのみこと》が連れ帰った蝦夷《えみし》を先祖にするといわれる。七世紀前半にはすでに安芸国《あきのくに》（現在の広島県）に佐伯部があり、国造の一族・佐伯直《さえきのあたい》が掌握していたという。

七三八年の『周防国正税帳』には、二一歳から六〇歳の男を一戸につき、三丁に一人強制的に集め、兵士として軍に配属させたことが記されており、「佐伯軍団」とでも呼ぶべき軍事組織が存在していたことがわかる。

「佐伯《さえき》」の語源は『陸奥国風土記《むつのくにふどき》』によれば、王権に反抗したことが記されていることから、朝廷の命に反抗する「障る者《さえぎ》」の意といわれ、もと蝦夷であったことが裏付けられる。そしてのちに、国防のために外敵からの攻撃を障る「伯（尊い者）」を「佐る《たすけ》」という意味の当て字をしたものともいわれる。

こうしてみてくると、佐伯氏が代々神職をつとめる厳島神社の建つ宮島というのも、軍事に深く関わってきたことがうかがえよう。

対朝鮮の窓口・天橋立

日本三景のうち、松島と宮島ともに古代における軍事重要拠点であったことは理解いただけたと思う。それではあともう一つ天橋立は、はたして軍事とどのような関わりをもつのだろうか。

天橋立は京都の北、日本海に面する丹後半島に位置する。海流の衝突が造り出した三・六キロに及ぶ細長い砂州であり、かつてイザナギノミコトが天界と行き来したという伝承をもつ。

後述するとおり、この天橋立のある丹後半島は、対馬海流を通じて朝鮮半島と結ばれた、いわば国際的防衛前線基地であった。現に丹後には数多くの渡来人の古代遺跡や地名、伝承が残っている。

中でも重要なのは、鉄剣の出土の多さである。例えば天橋立を見下ろす丘の中腹の古墳から一一本に及ぶ鉄剣が、他の鉄や銅、ガラス製品とともに出土し「大風呂南遺跡」と呼ばれている。

丹後周辺では、小規模の家長クラスの古墳ですら必ず鉄剣が出土し、他の地域ではみられない特徴といってよい。このことから、天橋立周辺には軍事集団が存在していたと考えられている。そうなると、軍事集団を束ねるリーダーがいたはずであり、大風呂南遺跡の被葬者は、リーダーに相当する人物だったのではないかといわれる。

七一三年、丹波国から丹後国が独立し、それまで亀山（亀岡）の内陸部にあった国府・国分寺が、天橋立にほど近い宮津湾へ移された。また七八一年には、さらに都から離れた舞鶴湾へと移されている。

これは何を意味するのかといえば、対朝鮮防衛力を強化するため、内陸から湾へ、さらに入りくんで攻められにくい湾へと軍事拠点を移動したことを示すものだろう。日本は六六三年、唐・新羅《しらぎ》連合軍との「白村江《はくそんこう》の戦い」に大敗している。新羅はその後、六九八年には朝鮮半島を統一し、日本へもたびたび使者を送っている。その多くが丹後から上陸しているのである。日本は白村江の敗戦に対する恨みから新羅に強い警戒感があったといわれ、丹後国府の強化につながったものだろう。

南側の飛龍観から眺めた天橋立

以上のように日本三景についてみてくると、三景すべてが本州における対蝦夷、対中国、対朝鮮といった軍事重要拠点であったことがわかる。

冒頭で触れたとおり、天橋立、松島、宮島「日本三景」の初見は『日本国事跡考』と呼ばれる、いわば国政に関わる事跡についてまとめたものに現われる。しかも、実際に現地を訪れることなく記されたものである。

さらに実地見分した者の多くがこれら三つの「日本三景」に批判的であって、この日本三景というものは、至高の景観を集めたというよりも、むしろ国政上、軍事的に重要な役目を果たした地を史料からチョイスしたのではないか、と考えたくなるのだ。

「自然暦」という祭祀

次に軍事だけでなく、祭祀といった視点から日本三景を観察してみたい。というのも「祭り」の語源は「政り」であり、古代において軍事を含めた政りごとは祭祀と一体となっていたからにほかならない。

例えば、蝦夷を征服した征夷大将軍・坂上田村麻呂は、征服後東北の地に無数の寺社を建て、毘沙門天像《びしやもんてん》を安置した。また征服後、京都へ戻ると蝦夷鎮魂のためにあの清水寺を創建した。

つまり田村麻呂は、単なる武将というよりも宗教者の側面をもっていたといってよい。征服によって亡くなった人々の霊を鎮魂し、祀ることも重要な政りごとの一つであった。こうした「祀りごと」＝「政りごと」という図式は近代においても、靖国神社や明治神宮などにみることができる。

それでは軍事的拠点であった日本三景には、いったいどのような祭祀が施《ほどこ》されているのだろうか。興味深いのは、日本三景が地図上で一直線上に並ぶという事実である。

特定の山や施設が一直線上に並ぶ線を「レイライン」と呼び、世界各国で発見されている。中でも日本においては、春分・秋分・冬至・夏至の日の出没の方位軸であるレイラインが数多く指摘され、これらを「自然暦《しぜんごよみ》」と呼ぶ。

日本の自然暦に関する記述として、『日本書紀』には次のような注目すべき一文がある。

「山河を隔《さかひ》て国県を分ち、阡（たたさのみち）陌（よこさのみち）に随ひて、邑里を定む。因りて東西を日縦《ひのたたし》とし、南北を日横《ひのよこし》とす」

つまり、東西線を日の縦線、南北線を日の横線として村を定めたというのである。また、一六八五年に保井春海《やすいしゅんかい》が著した『日本長暦』によれば、「冬至の日に記す」として「我が国の神代、イザナギの尊、日の三天を測りたまい、春秋を考え歳事を定めたまう」という。

さらに一七五五年の安倍泰邦《あべやすくに》の『暦法新書』には「夏至・春分・冬至の太陽の運行を三天といい、暦の基となった」と述べられ、自然暦は日本においても古くから、すでに知られていたことがわかる。

それでは、日本において自然暦を定めたのは、いったいどんな人々だったのだろうか。『日本書紀』には「詔して日祀部《ひまつりべ》、私部《きさいちべ》を置く」と記され、日祀部と呼ばれる職が定められていたことがわかる。日祀部と似た職に日置部があり、元筑波大学教授・井上《いのうえ》辰雄《たつお》氏（「菊池川流域の古代祭祀遺跡」『東アジアの古代文化』五号所収）によれば次のように述べられている。

「日置部という部民は、日奉部（日祀部）とならんで日神を祀る特殊な部落民集団――（中略）――その最大の職掌は日の御子を穀霊として降臨を仰ぐことにあり、日々にあたっては朝日を迎え、夕日を送る儀礼を司ることにあったのではないか」

現に、『出雲国風土記』には、

「日置の郷　郡家の正東四里なり。志紀嶋の宮に御宇しめしし天皇の御世、日置の伴部等、遣され来て、宿停まりて政為をし所なり。故、日置といふ」

と記され、後に述べる自然暦の初期の実例がある出雲地方に「日置」の集落があり、日置の伴部（日置部）がつかわされ、まつりごとを行なったというのである。

以上をまとめれば、古代には日祀部、日置部といった人々が、各地に派遣され、東西線あるいは南北線を用いて村を定め、日の三天を測って暦を定めたと推測できるのである。

元千葉大学教授・山田安彦《やまだやすひこ》氏(『古代の方位信仰と地域計画』吉川弘文館)によれば、こういった自然暦が太陽信仰による祭祀に関係しているというのである。

天橋立を中心にした自然暦

日本三景が一直線上に並ぶことに少し触れたが、ただ単に一直線に並ぶだけではなく、その直線は北へ三〇度傾いている。興味深いのは、この直線が夏至の日の出の方位と冬至の日没の方位を結んだものであることだ。

すなわち天橋立から見て、松島に一年で最も勢いの強い夏至の日の出が昇り、また宮島に一年で最も勢いの弱い冬至の日が没むことになる。はたしてこの配置は偶然の一致なのだろうか。

天橋立は丹後一宮・籠《この》神社の参道にあたる。この神社の神職・海部《あまべ》氏の系図は日本

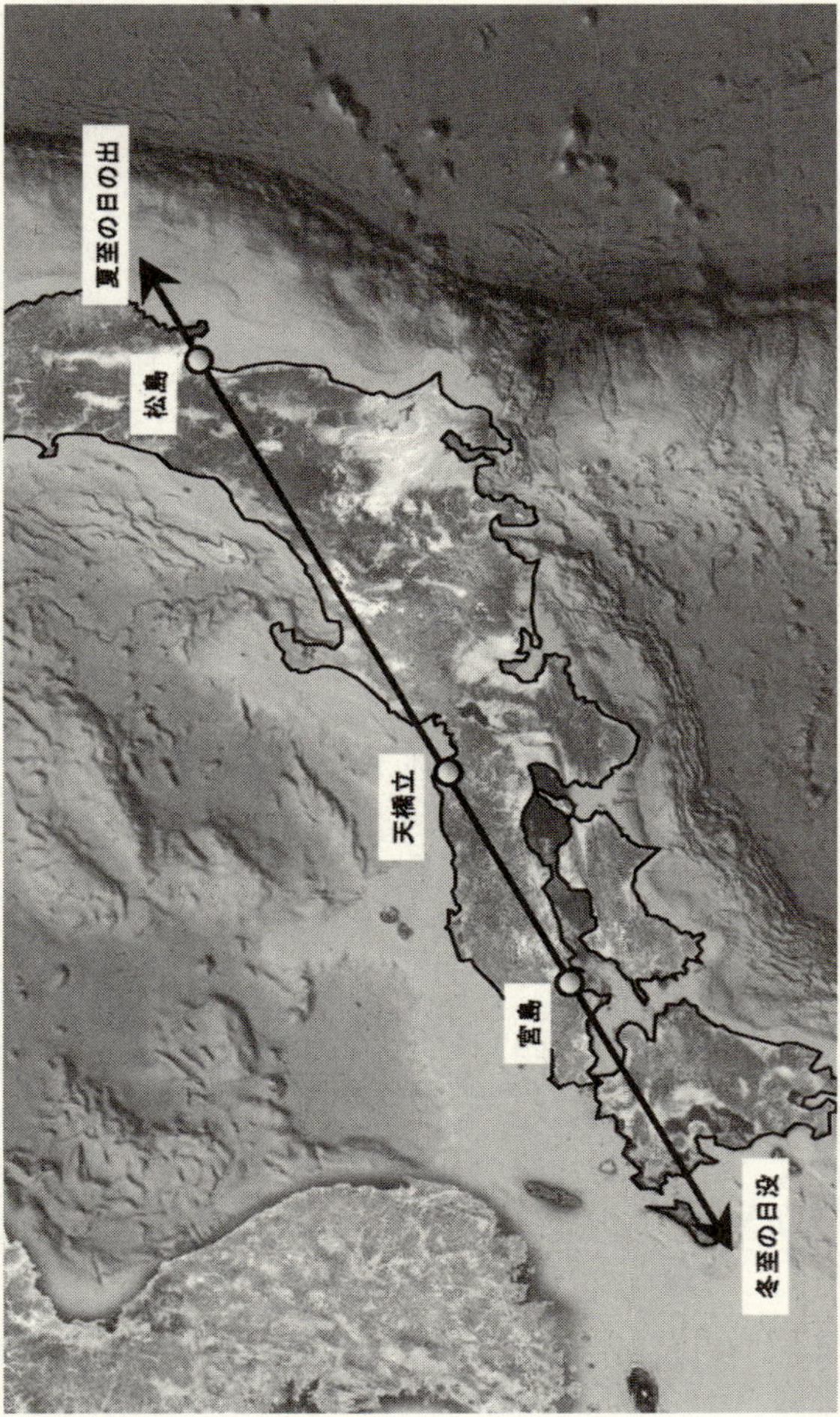

日本三景が直線上に並んでいるのは決して偶然ではない

最古の系図として国宝に指定されている。この系図には、なんと邪馬台国の女王・卑《ひ》弥呼《みこ》とみられる名前があるのだ。

卑弥呼の墓の最有力候補が、倭迹迹日百襲姫命《やまとととひももそひめのみこと》の墓である奈良の箸墓《はしはか》古墳である。籠神社の系図によれば、始祖の彦火《ひこほ》明命《あかりのみこと》から九代目の孫に「日女命《ひめのみこと》」とあり、その名の脇に「またの名を倭迹迹日百襲姫命」「またの名を神大市姫命」、「日神ともいう」などと記されているのである。

これは『日本書紀』にも箸墓について「倭迹迹日百襲姫が死んで大市に葬る。時の人はこの墓を名づけて箸墓という」とある記述とも合致しており、日女命＝卑弥呼とみてまず間違いないといわれる。

しかも系図の初代・彦火明命は伊勢神宮に祀られる天照大神《あまてらすおおみかみ》の孫にあたり、天皇の先祖ニニギノミコトの弟であることになる。

注目すべきは、この籠神社のことを「元伊勢」と呼ぶことである。伊勢といえば、天皇の祖先神・天照大神を祀る伊勢神宮を指すことはいうまでもない。

さらに興味深いのは、天橋立の軸線を南へ延ばしていくと、正確に大江山《おおえやま》山頂を通過する。この大江山をご神体山とするのが、皇大《こうたい》神社すなわち元伊勢なのである。

はたしてこれは偶然の一致なのだろうか。おそらく意図的な配置とみてよい。大江山周辺には数多くの山があるが、天橋立の軸線上に山頂のある山は大江山だけである。軸線が通過するからこそ、皇大神社のご神体山に選ばれたのではないだろうか。

皇大神社には、伊勢神宮と同様、内宮《ないくう》と外宮《げくう》があり、近くには天岩戸《あまのいわと》神社や宮川もあり、社殿も同じ神明造りである。大江山は日室ケ岳とも呼ばれ、麗には遥拝所がある。山頂には巨大な磐座《いわくら》と祭祀跡が残る。この遥拝所からは夏至の日がピラミッド型の山の頂きおよび岩戸山山頂に没するのが見えるという。

伊勢神宮は、現在の地に鎮座される前、この地にあったとされ、のちにこの皇大神社の神が伊勢神宮の外宮となったという。

以上をまとめれば、籠神社の参道である天橋立の軸線上に皇大神社のご神体山・大江山山頂が位置し、さらに籠神社も皇大神社も、皇祖神を祀る伊勢神宮と密接に関係していることになる。

また、天橋立には日女命＝卑弥呼、あるいは天照大神の孫・彦火明命が関係することになる。どちらも太陽崇拝と関係し、自然暦による祭祀が行なわれたとしても、まったく不自然ではない。現に元伊勢＝皇大神社からみて夏至の日没がご神体山に没するという自然暦を形成しているのである。

すなわち天橋立のある丹後から松島の方位に夏至の日の出が見え、大江山に夏至の日没が見えるのである。

松島と自然暦

天橋立からみて、松島から夏至の日が昇ることはすでに述べたとおりである。いいかえれば松島からみて、冬至の日が天橋立および宮島に没することになる。こうした自然暦を用いた祭祀と松島は、いったいどのような関係があるのだろうか。

松島を代表する建築が「五大堂」である。その創建は八〇七年、蝦夷を征服した坂上田村麻呂の建てた毘沙門堂を起源とするという。その後、慈覚大師円仁《えんにん》によってその堂に五大明王を祀ったため、五大堂と呼ばれるようになった。

現在の建物は一六〇四年、藩主・伊達政宗《だてまさむね》が建てたものだが、その位置や向きは変わってないという。

この五大堂の方位を調べると、夏至・冬至の日の出没の軸線と、くしくも一致していることがわかる。毘沙門天にしろ、五大明王にしろ、もとは古代インドの悪神であり、仏教の守護神として取り入れられた仏で、悪鬼を封じるのに霊験あらたかであるといわれる。自然暦による祭祀と一体となって、蝦夷鎮魂を祈願したものだろう。

いっぽう松島は数多くの小島によってその景観が形成されているが、その中に「引通島《ひきどうしじま》」と呼ばれる島がある。この「引通」の語源は「引き冬至」であり、冬至の日の入りを意味する。扇谷山山頂からみると、この島に冬至の日没が観測できるところから、その名がついたともいわれる。

同様のしくみは伊勢神宮にもみられ、内宮の皇大神宮からみて、海上の「答志島《とうしじま》」に冬至の日の出が観測できる。

さらに松島からみて、標高一七四メートルの「朝日山」から夏至の朝日が昇ることも、同様の意味をもつだろう。

このようにみてくると、松島にも自然暦を用いた祭祀の痕跡が認められ、日本三景全体に自然暦との関連があるといってよいだろう。東北防衛という政りごとと、蝦夷鎮魂という祭りごとは一対の存在であったことがうかがえる。

宮島と自然暦

天橋立、松島だけでなく、宮島もまた自然暦と関わりが深い。宮島に建つ厳島神社には、海上に建つ大鳥居がある。その屋根の東西には、月と太陽が描かれている。

のちに述べるように、厳島は月と関係が深く、「厳島」は「居月島」であるという説もある。同様に太陽の運行、すなわち自然暦による祭祀を取り入れたふしがあるのだ。

前述のとおり、天橋立からみて冬至の太陽が宮島の方位に没するしくみを両者は形成している。いいかえれば、宮島からみて、天橋立の方位に夏至の太陽が昇るわけである。

注目すべきは、宮島からみて、本州側の標高三四五・九メートルの「日浦山《ひうら》」から夏至の太陽が昇ることだろう。

日浦山は、かつて「日裏山」とも表記されたといい、山の裏から日が昇るといった自然暦を形成していることをうかがわせる山名である。

いっぽう宮島には、旧暦では夏至にあたる五月五日の端午の節句の際に「軒菖蒲《のきしょうぶ》」といって、ショウブとヨモギを束にして軒に並べて邪気をはらう風習が今も残る。つまり、宮島において夏至は悪鬼を封じる祭祀の日であることになる。

もっとも、この軒菖蒲の風習は、伊勢の「渡会《わたらい》」でも行なわれるが、渡会は太陽神・天照大神を祀る伊勢神宮の神職の土地柄である。

伊勢神宮からみて夫婦岩から夏至の太陽が昇ることはよく知られており、また前に触れたとおり、答志(冬至)島からみて、朝熊山へ冬至の日が没するなど自然暦による祭祀を形成している。軒菖蒲と自然暦は一対の祭祀であったことを思わせる符合であろう。

さらに、厳島神社の摂社に速谷《はやたに》神社があるが、かつては安芸国《あきのくに》の一宮として、厳島神社より社格が高かったとされる。厳島神社と同時期に同じ佐伯氏によって創建されたといわれ、両者はかつて一対の存在であったようで、鳥居と神門には、唯一厳島神社と同じ紋がそなわる。

速谷神社について興味深いのは、本殿、神門、鳥居が冬至の日の出の方位を背にして配されていることだろう。すなわち本殿の背後から冬至の太陽が昇るわけである。このように読み解いていくと、宮島も、天橋立や松島と同じく、自然暦による祭祀と密接に結びついていることがわかる。

そして、日本三景全体としても、夏至の日の出——冬至の日没のレイライン上に三カ所ともに位置しており、ほぼ本州全体に及ぶ壮大な自然暦による祭祀を形成しているのである。

三弁天の謎

宮島の厳島神社の大願寺《だいがんじ》には今日、江島《えのしま》（神奈川）竹生島《ちくぶしま》（琵琶湖）とともに数えられる日本三弁天の一つがある。

弁天とは「弁財天《べんざいてん》」のことで、日本では水または音の女神として知られる。三弁財天ともに水辺に祀られているのは水の神であることを示すが、水のかなでる水音から後世、音の神と信じられるようになり、そのため琴を手に持つ像も造られるようになった。また、「財」の字のイメージから、江戸時代以降商売の神としても信仰を集め、大衆へ広く普及した。

ところが弁財天は本来、八本の腕にそれぞれ武器をもつ戦闘神であり、中世の頃より武士が台頭する中、武将の守護神として大流行した神である。

三弁天の一つ、江島神社・八臂弁財天《はっぴべんざいてん》は、源頼朝《みなもとのよりとも》が平家滅亡を祈願して、妃・北《ほう》条政子《じょうまさこ》をモデルに造仏したものともいわれる。また厳島・大願寺の八臂弁財天は、反対に平清盛が源氏滅亡を祈願して造仏したものという。

日本三弁天については、諸説があり、天河大弁財天（奈良）、瀧安寺弁財天（大阪）、東海寺布施弁天（千葉）など、さまざまな弁財天が挙げられていて一致しない。松島の小島の一つ、福浦島にも弁財天があり、現在は小規模だが、絵図などからかつては大規模であったことがわかり、三弁天の一つに数えられたこともある。

注目すべきは、この弁財天の社殿正面に前述の引通島があることだろう。これは偶然の一致だろうか。

宮島、松島とくると、やはり天橋立にも弁財天があるのではないかと探したくなる。調べてみると、今日、天橋立周辺には相当するものはない。

それでは天橋立に弁財天がないのかというと、室町時代に活躍した絵師・雪舟《せっしゅう》の描いた「天橋立図」（国宝）や、江戸時代に描かれた「丹後国天橋立之図」（扶桑名勝図）、「天橋立図」（松翁斎《まつおうさい》）、「天橋立真景図巻」（島田雅喬《しまだがしょう》）、「天橋立・富士三保松原図」（横山華山《よこやまかざん》）などに、智恩寺《ちおんじ》に接する阿蘇《あそ》海に浮かぶ天女島に弁財天女堂の姿が描かれているのだ。

ちなみに一八七九年、この島は埋め立てられ、社殿は智恩寺本堂前へ移して再建されたという。これが現在の鎮守堂であるとされる。

埋め立てられる前までは、数多くの絵図にも描かれていることからもわかるとおり、智恩寺の弁財天はかなりよく知られていたようで、三弁財天の一つにも挙げられたともいう。

こうして調べてみると、日本三景といわれる天橋立、松島、宮島のすべてに著名な

松島・福浦島の弁財天

大願寺・厳島弁財天

弁財天が祀られていたことが判明する。三弁財天にはさまざまな説があることから考えると、日本三景の各弁財天が三弁財天であるという説も成り立つわけである。

ところで、なぜ日本三景には弁財天がつきものなのだろうか。すでに考察してきたように、日本三景はただ単にその景観の美しさから選ばれたのではなく、すべて日本屈指の古代の軍事的要衝としての「名所」として選ばれたふしがある。

また三カ所ともに自然暦による祭祀のしくみが仕掛けられていた。軍事という政りごとは、祭りごとと一対であることは繰返し述べてきたとおりである。

すなわち、日本三景すべてに三弁天とでもいうべき弁財天が祀られたのは、弁財天が戦闘神であり、軍事の守護神であるからといってよいだろう。日本三景すべてが海辺にあることも、水の神でもある弁財天を祀ることになった要因の一つといえる。

日本三景は古代の軍事的要衝であり、自然暦による壮大な祭祀によって、意図的に一直線上に遷地されていた。

こうした知られざる新たな視点を武器として、次章以下、それぞれの景観の謎にメスを入れてみよう。

第二章　天橋立とおとぎ話伝説

1 渡来人の玄関口

日本発祥に関わる地

京都の北、日本海に面する丹後半島に、その不思議な景観は展開する。

この景色こそが、江戸時代より松島（宮城県）、宮島（広島県）とともに日本三景の一つに数えられる天橋立《あまのはしだて》である。

京都というと、海がないというイメージがあるが、この天橋立のある丹後の地で日本海につながっている。大自然を有する一大観光地としても知られ、一九五二年には特別名勝、一九五五年には国定公園に指定された。

この地を訪れる観光客は、年間じつに三七〇万人。天橋立のみに限っても、二七〇万人もの人々が殺到する。

春には匂い立つ桜、夏は目にまぶしい緑、秋には燃え上がるような紅葉、冬には純白の雪。さらに目前へ広がる海の光景とあいまって、数多くの観光客に愛されてやまない。特に、秋から春にかけてのタラバガニの獲れる時期には、民宿がいっぱいで予約が取れないほどの人気を集める。

中でも「間人蟹《たいざがに》」と呼ばれるカニは、美食家のあいだでつとに知られる名物である。この他、舟宿の町並みで知られる「伊根《いね》」は、日本屈指の寒ブリが揚がることで有名だ。

しかし、天橋立のある丹後の地は、ただ単に景観と美食で知られるだけでなく、日本の成り立ちに関わる歴史の古さからいっても、きわめて重要な意味をもつ。

現在、日本一の観光地である京都市内は、そのルーツが七九四年に造られた平安京であるのに対し、天橋立は七二〇年成立の『日本書紀』には、すでにその存在が記されている。

また、丹後半島周辺には、六〇〇年代の創建という寺社や仏像が多数残されていることからも、その歴史の古さがうかがえる。

さらに、日本人なら誰でも知っている鬼退治やかぐや姫、浦島太郎などの伝承発祥地が集中しており、訪れる人々のロマンをかきたて、魅了し続けている。

そして、中でも大和朝廷発祥の謎を解く、歴史の焦点とでもいうべきものが、天橋立なのである。

自然が造り出した奇跡の風景

天橋立は、宮津湾と阿蘇海《あそかい》を南北に分かつ細長い砂州である。砂州の幅は広いところで一七〇メートル、狭いところではわずか二〇メートル。それに対し、全長はなんと三・六キロ。一帯には約五〇〇〇本の松があり、東側には白い砂浜が広がり、「白砂青松《はくしゃせいしょう》」と呼ばれる。

その美しい姿は古くから愛され、室町時代に絵師・雪舟が描いた「天橋立図」は国宝に指定されている。また江戸時代には、日本の美のシンボルといわれる庭園・桂離宮の中に、縮小した天橋立の風景が造り出され、古来絶賛されてきた。

さらに明治時代から昭和時代にかけて活躍した与謝野晶子《よさのあきこ》・鉄幹《てっかん》など、多くの歌人に詠まれてきた。現在、天橋立には与謝野夫婦の歌碑が立つ。

天橋立は、大天橋《てんきょう》、小天橋、第二小天橋とその三つのつらなりを眺めることができる、山の上の傘松《かさまつ》公園から成り立っている。

傘松公園から逆さになって天橋立を眺めると、まるで天に橋が架かるように見えることがその名の由来といわれ、「股のぞき」で見るのが正式な観賞法であるという。

この場は、天橋立の北にあり、斜めに見えることから、ここからの眺めを「斜め一文字」と呼ぶ。また、南側の文殊山山頂の天橋立ビューランドから見ると、まるで龍が天に昇るように見えることから「飛龍観《ひりゅうかん》」と呼び、さらに東側の栗田峠からの眺めを「雪舟観」といい、前述の雪舟の描いた絵に似た構図にみえることを由来とする。

天橋立が分け隔つ宮津湾と阿蘇海がつながっているのは現在、文殊水路に架かる廻《かい》旋橋《せんきょう》と呼ばれる大型船を通すために回転して開閉できる橋の部分だけである。かつてこの部分には橋がなく、干潮時のみ渡ることができたといわれ、現に、雪舟の描いた「天橋立図」は、天橋立が途中で途切れた姿をとらえている。

そもそも、なぜこのような特異な景観が造り出されたのかといえば、内海の阿蘇海へ流れ込む、野田川の運んできた土砂が、外海から宮津湾へ流れ込む海流にぶつかり、堆積して形成されたものであるという。

すなわち、自然の偶発的な営みによって奇跡的に生まれたのが、天橋立なのである。約四〇〇〇年前には、ほぼ現在の姿に近いかたちをもっていたという。

しかし近年、天橋立は海の侵食によって縮小・消滅の危機にあるといわれる。これは戦後、河川にダムが造られたことなどから、山から海への土砂供給量が激減し、天橋立の土砂の堆積と海による侵食のバランスが崩れたためという。

丹後土木事務所では、サンドバイパスと呼ばれる小型の堆砂堤を設置して、流出する土砂を食い止めているが、天橋立は現在でもわずかずつ姿を変えているといわれる。

天橋立は垂直に立っていた？

天橋立のある丹後地方の成り立ちを記した最も古い史料が『丹後国風土記』逸文である。日本各地に○○国風土記と呼ばれるものがあるが、これらは七二〇年の『日本書紀』編纂のために七一三年、各地にその歴史をまとめて提出させたものであるといわれる。

しかし、現存するのは出雲、播磨、常陸、豊後、肥前と丹後の六カ国のものしかないうえ、別の書物に引用され残った逸文としてしか残されていない。

それでは『丹後国風土記』の成立がいつ頃であるかを探っていくと、七一三年から一五年くらいに著されたことがわかる。

というのも、七一三年の条に「国郡郷」という言葉が出てくるが、『出雲国風土記』には七一五年以降、この言葉が用いられるように制度を改めたと伝えるところから、この時期の成立とみられる。

この史料の逸文「天椅立《はし》」には次の記述がある。
「国生《くにう》みませしし大神、伊射奈芸命《いざなぎのみこと》、天《あま》に通《かよ》ひ行《い》でまさむとして、椅《はし》を作り立てたまひき。故《かれ》、天の椅立と云《い》ひき。神の御寝《みね》ませる間《あいだ》に仆《たお》れ伏《ふ》しき」（国を生んだイザナギノミコトは天界にかようために、椅子を作って立てておいたが、寝ている間に倒れた）

そして、倒れた椅子がそのまま一本の細長い陸地となったのが天橋立であるというのだ。いいかえれば天橋立はもともと垂直に立っていたというのである。

七一二年編纂の『古事記』、七二〇年成立の『日本書紀』の二つの史料は日本で初めて朝廷が編纂した正史といわれる。これら二つに共通して登場する日本誕生の神話がイザナギノミコトとイザナミノミコトの「国生み」伝承である。

すなわち、「別天神五柱《ことあまつかみ》」と呼ばれるアメノミナカヌシ以下五つの神がまず出現し、次にイザナギ、イザナミの二神が天上から地上へ天降《あまくだ》って国を造る。その時出現するのが「天《あま》の浮橋《うきはし》」である。つまりここに初めて「柱」と「橋」が神話に現われるのだ。

江戸時代の国学者・本居宣長《もとおりのりなが》の著した『古事記伝』には、この天の浮橋について次のとおり述べられている。

「天の浮橋は、天と地との間を、神たちの昇降《のぼりくだ》り通《かよ》ひ賜《たまは》ふ路《みち》にかゝれる橋なり、空に懸《かか》れる故に、浮橋といふならむ」

宣長は、この記述において前述の『丹後国風土記』の天橋立の文章を例に挙げている。つまり、天橋立も天の浮橋も天と地を結ぶものとして同じ意味をもっているというのである。

いっぽう『播磨国風土記』（現在の兵庫県西南部についての記述）にも次のように記される。

「播磨の国の風土記に云《い》はく、八十橋《やそばし》は、陰陽二神、及び八十二神の降《くだ》りし迹《あと》なり」

（播磨国風土記がいうには、八十橋は陰陽二神及び八十二神が天降った跡である）

また同史料はこの八十橋について、次のように説明している（印南《いなみ》郡の項）。

「石の橋あり。伝へていへらく、上古《いにしえ》の時《よ》、此の橋天《あま》に至り、八十人《やそびと》衆《もろもろ》、上り下り往来《かよ》ひき。故《かれ》、八十橋《やそはし》といふ」（石の橋があり、伝えられるには、かつてこの橋は天に架かり多くの人々が上り下り通ったので、八十橋と呼ばれたという）

本居宣長は、これらの記事を引用して、次のようにいう（『古事記伝』）。

「これも天に往来《かよひ》し一つの橋と見ゆ、神代には天に昇り降る橋、此所彼所《ここかしこ》にぞありけむ、是《こ》れを以《もつ》て思へば、彼の御孫命《みまのみこと》の降りたまふ時立《ただ》ししは、此処《ここ》の天の浮橋と一つにはあらで、別浮橋にぞ有りけむ」（これも天に通った橋の一つとみえる。かつて

天と上り下りできる橋が、日本のあちこちにあって、そう考えると、天の浮橋は一つではなく、別の浮橋もあったに違いない）

つまり、かつて日本には天の浮橋があちこちにあって、人々はそれによって天と地を往来したというのである。

播磨すなわち現在の兵庫県の日本海側、城崎に八十橋はあったとみられ、丹後に隣接する地であることがわかる。どちらも柱＝橋があって、神々が降りたということになる。

はしら・はし・はしご・はしる

このような柱＝橋という考え方は、いったいどこからきたのだろうか。

古来、神社ではご神木に神を宿らせてきた。これを「神籬《ひもろき》」という。

現在「生花《いけばな》」と呼ばれる芸能は、かつて「立花《たてばな》」といい、今でも花を生けることを

「立てる」という。これは、花がかつて神霊を迎えるための依代（神が宿るもの）とみなされていたからである。また「桜《さくら》」の語源は、「さ」が稲の精霊、「くら」が神が座す場所といわれ、稲の精霊を迎えるための依代であったことから命名されたものである。立春、立夏という言葉も同様である。

正月に門松を「立てる」のも、松を依代としたことに始まる。こうした依代とする樹木を常磐木《ときわぎ》と呼び、松や榊《さかき》が用いられる。というのも、一年中葉の色が変わらない常緑樹だからで、その不老不死のイメージから選ばれたものだろう。「松竹梅」という言葉もすべて常緑樹を並べたものである。

特に松は、能舞台正面に影向《ようごう》の松として描かれるが、これは春日大社の神事に依代として用いる松を写したものを発祥としている。ちなみに千利休《せんのりきゅう》が極めた茶道においても、茶を「立てる」というが、同様の意味であろう。

こうした依代は神籬や常磐木、影向の松に限ったことではなく、神社建築にも影響を及ぼした。伊勢神宮や出雲大社の正殿床下には「心御柱《しんのみはしら》」や「岩根《いわね》の御柱」と呼ばれる柱が立てられているが、これらも降臨する神の依代である。

神そのものを数える際、「柱」という単位を用いることも神籬の影響だろう。

かくして日本に仏教が伝えられる以前、自然崇拝から生まれた神道という基層信仰があったことを、私たちは再認識させられるのである。そして、こうした依代という概念が、仏教にも影響を与えた。

仏教は日本に仏像をもたらしたが、伝来直後の仏像は銅像に金を施した金銅像《こんどう》だけであった。その後、「脱活乾漆像《だつかつかんしつぞう》」や「塑像《そぞう》」も造られたが、すぐにそれが木像にとってかわる。木像が主流となった仏教国は日本をおいてほかにはない。

長い間、信仰の対象となる仏像は、耐久性の高い金銅や漆《うるし》を用いた「脱活乾漆《だつかつかんしつ》」で造られるべきものであるにもかかわらず、日本だけがなぜ木像が主流となったのだろうか。

日本で制作された初期の木像仏は、すべて一木造りである。しかも漆箔を施さず、のみ跡を残した荒々しい像が多い。

これはやはり神道の依代の影響だろう。芯を残した一本の木を、できるだけ傷つけることなくのみ数を減らして彫り、白木のまま、ここに神霊を宿らせたのである。

京都・神護寺《じんごじ》の薬師如来像がその代表例である。和気清麻呂《わけのきよまろ》が「自らのために寺を建てよ」という宇佐八幡《うさはちまん》の神託により、当初大阪の神願寺《じんがんじ》の本尊として刻まれたものという。寺名のとおり、神の願いによって創建された寺の本尊は、宇佐八幡が降臨するための依代だったのである。

「はしら」や「はしご」の語源は「はし」であるという。「ら」はアイヌ語で「下」を意味する。橋のように下へ渡るものが柱なのである。

橋も柱もともに、あの世とこの世を結ぶ重要な接点であった。仏教では三途《さんず》の川に架かる橋を渡って、あの世へ向かう。

あの世である極楽浄土を再現したという平等院庭園は、京都から見て宇治川を渡った地に造られた。あの世にたとえられた浄土式庭園は、三途の川に見立てられた宇治川に架かる橋の向こう側に造られなければならなかったのである。

それは、単に浄土式庭園に限ったことではなく、「幽玄《ゆうげん》」の美を表現したとされる能においても、同様のしくみをみることができる。

「幽玄」とは幽界、すなわちあの世の玄関（入口）を意味する。能は「現在能」と

「夢幻能」に大別される。

現在能は、現実界の人物のみが登場するのに対し、夢幻能は死者、あるいはもののけが登場する能である。「死に手」であるシテが自らの没した無念の気持ちを語り、それを旅の僧侶であるワキが聞き届けるという鎮魂のストーリーである。

「死に手」であるシテは、死者であることを示すために必ず能面をつける。能面が泣いているとも怒っているともわからない複雑な表情をもつのも、無念を語るための工夫であろう。

そしてこの能を演じる能舞台には、「橋懸《はしがか》り」と呼ばれる橋が架かるが、これも三途の川に架かる橋に見立てられたものであり、あの世とこの世を結ぶ「結界」といってよい。神道では神霊を柱に宿らせ、仏教では塔に宿らせる。神仏はそれを「はしって」渡り、あの世とこの世を行き来したのである。

五重塔は「塔」といいながら中には「心柱」がある。塔はインドでストゥーパと呼ばれる塚であったが、日本に伝わると、神仏習合によって「柱」が中に納められたのである。

天橋立が梯子であり、柱であり、橋であるとするならば、そこを「走って」渡った神々とは、具体的にはいったい何を指すのだろうか。

渡来人の亡命地

丹後地方は古来、朝鮮半島との往来が頻繁にあったといわれる。ほど近い浦入遺跡では日本列島で発見された最古の丸木舟（縄文前期）が出土している。

朝鮮最古の史書で一一四五年に成ったという『三国史記』には、新羅の第四代の王・脱解《だつかい》について「脱解本多婆那國所生。其國在倭國東北一千里（脱解はもと多婆那国の生まれで、その国は日本の東北千里の所にある）」と記される。

また、天橋立を参道としている丹後の籠神社には、古代にこの地から一人の日本人が新羅に渡り、王になったという伝承が残されているという。

日本の東北といえば日本海側を指し、三九二キロの地点というとちょうど丹後のあたりとなり、当時の感覚では丹後のような遠方は千里と感じたのではないだろうか。

丹後国は七一二年までは丹波国の一部であったという。

『三国史記』の「多婆那國《たばのくに》」というのは「丹波国《たんばのくに》」を指しているとみられる。つまり、籠神社の丹後の日本人が新羅王になったという伝承をくしくも裏付ける結果となる。

朝鮮文化が日本へ伝わるルートとして、一般に九州経由で波静かな安全な航路である瀬戸内海を通過して大阪・難波湾へ至るコースが挙げられる。しかし、近年もう一つのルートが脚光を浴びている。

それが、丹後半島あるいは隣接する若狭から上陸し、近江経由で飛鳥へ至るコースである。

実際、日本と朝鮮半島を結ぶ海流を調べると、朝鮮から九州へ至る海流は存在せず、かえって朝鮮から福井へ至る対馬海流にのったほうが流れに船をまかせるだけで、短時間で安全に来日することができる。

丹後半島の海岸には、現在でもハングル文字が印刷されたビンや缶などがたくさん漂着する。現に丹後には、後に詳しく述べるとおり、数多くの渡来人の漂着伝承や、渡来人の古代遺跡、地名や説話が残る。

中でも弥栄町《やさか》の新羅明神を祀る溝谷《みぞたに》神社は新羅《しらぎ》系渡来人が創建したものといわれる。また丹後から敦賀《つるが》に至るルートには、菅浜《すがはま》神社があるが、この地は新羅王子「都怒我《つぬが》」が滞在したという伝承をもつ。現に付近には王子のものとみられる古墳が存在し、尖った角のついた冠が出土している。この角と王子の名の「都怒我」が一体となって「敦賀《つるが》」という地名に転化したという。

さらに敦賀から近江へ至るルートには白城神社、新羅神社、信露貴彦《しろきひこ》神社、白髭《しらひげ》神社など、「新羅」を表わす名をもつ神社が数多い。また付近の地名である「信楽」や「滋賀」という名も新羅が転じたものである。有名な信楽焼《しがらきやき》は、やはり朝鮮からもたらされた陶磁技術が定着したものといわれている。

琵琶湖周辺で朝鮮半島の民家の暖房施設であるオンドルの遺構が出土するのは、このルートを通じて朝鮮の渡来人が上陸したことを裏付ける。

このルート付近に、園城寺（三井寺）があり、新羅善神堂に新羅明神像が祀られているのも、渡来人との交流のあかしである。

新羅王子「都怒我」が滞在したという地にある菅浜神社

白髭神社も「新羅」にかかわりがある

七世紀の朝鮮半島は、高句麗《こうくり》、百済《くだら》、新羅がしのぎをけずり、内戦が絶えなかった。そのため、百済も数回にわたり遷都を繰り返している。こうした事態に対し、百済国王は亡国の有事に備え、王家や技術者、文化人らを避難させる準備を進めたという。

その避難民受け入れ国として、友好関係にあった日本に白羽の矢が立ったのであった。

百済王は、亡命先となる日本を調査するために、百済へ亡命した高句麗僧・慧慈《えじ》を派遣したという。以後慧慈は、聖徳太子の仏教の師となるのである。

この慧慈とともに六〇六年、聖徳太子が訪れ創建したのが百済寺であるといわれる。面白いのは百済寺の位置は北緯三五・一度線上に存在し、この緯度線を西に向かって延長すると朝鮮半島の百済（光州）に達する。寺ではこれが偶然ではなく、六〇二年に来日した百済僧・観勒《かんろく》が、百済寺創建のための遷地は、方位等に関与して決定したものという。

この他、近江の蒲生《がもう》町には百済の三重石塔と同様の阿育王《あしよか》塔をもつ石塔寺《いしどうじ》がある。

ここに移住した百済系渡来人が建てたものといわれる。また湖西には、穴太《あのう》遺跡と呼ばれる渡来人の集落跡があり、朝鮮半島でよく見られる大壁造建物跡が出土している。ここに焚き口、燃焼室、煙道からなる朝鮮のオンドルの遺構も出土した。

この穴太遺跡の山手に穴太福添古墳群があり、東西一キロ、南北二〇〇メートルの範囲に一五二基の渡来人の古墳が密集する。この他、京阪石山坂本線滋賀里駅から崇《そう》福寺廃寺《ふくじはいじ》へ向かう山腹に百穴古墳群があり、約六〇基の渡来人の古墳がある。

前述の蒲生町には、鬼室《きしつ》神社があり、百済系渡来人の鬼室集斯《しゅうし》が祀られている。百済は六六〇年に滅亡、集斯の父福信《ふくしん》は滅亡後の百済の復興運動の中心人物であったが、白村江の戦いによって挫折する。息子の集斯は日本に亡命し、学識頭という今でいう文部科学大臣になった人物である。

そして、穴太福添古墳群や百穴古墳群と同様、渡来系古墳が六八基も密集するのが、比叡山の守護神日吉大社である。

六六〇年、百済が新羅に滅ぼされると、百済から難民が多数上陸し、近江に送り込まれている。厩戸皇子《うまやどのおうじ》はすでに亡くなっていたが、秦河勝《はたのかわかつ》の存命中であり、依智《えち》秦氏一族も難民を快く受け入れている。

『日本書紀』によれば、六六九年、百済人男女七百余人を近江国蒲生《がもう》郡に移住させたという記録があり、また愛知郡《えちぐん》や神前郡《かんざきぐん》も含めた湖東地域にも、当時すでに百済系豪族が住み着いていたという。

以上をまとめると、天橋立のある丹後は渡来人の難民漂着地であり、琵琶湖経由で飛鳥へ至るルートは、難民収容地帯であったということができるだろう。

「新羅」を今に伝える無数の古社と地名

こうした渡来人の玄関口であった天橋立の周辺には、数多くの朝鮮にまつわる地名や遺構、伝承がある。

例えば天橋立のある阿蘇海に注ぎ込む野田川を、約一〇キロほど南に上ったところに「加悦《かや》」がある。この加悦は新羅の別名・伽耶《かや》のことであるという。

この加悦には、日本海側最古の大型前方後円墳として国の史跡に指定されている白《しら》米山古墳がある。この白米は新羅が訛ったものといわれる。

また、与謝野町立古墳公園には日吉ヶ丘墳墓跡があるが、長方形の裾に平石を貼り付けたもので、方形貼石墓《ほうぎょうはりいしぼ》と呼ばれ、朝鮮半島でよくみられる形式である。しかも紀元前に造られた墓で、同時期の墳墓としては吉野ヶ里遺跡（佐賀県）の墓に次いで二番目に大きいといわれる。

なお、これらのある与謝郡は、古くは「余社ノ郡」と書いた。阿蘇、余社、伊勢、宇佐などの地名は、すべて新羅の国の原名「ソ」のことを指すともいう。

いっぽう丹後半島の南西の舞鶴《まいづる》の地にも、朝鮮半島と関わる神社や地名がじつに数多い。

例えば朝代《あさしろ》神社（舞鶴市朝代）や朝禰《あさね》神社（舞鶴市倉谷桧谷）、さらに志楽郷朝来という地名があるが、これらの「朝」は朝鮮を指すといい、また「志楽」は「新羅」であるという。ちなみに志楽郷には「白屋」という地があるが、これも新羅が訛ったものといわれる。

さらに「白糸浜」（舞鶴市浜）という地名も新羅を指すという。

舞鶴市市場には「設楽神社」があるが、これも同様である。また舞鶴市吉坂には白鬚神社があり、これも新羅のことだろう。

さらに由良川河口にある高麗山大明寺《こうらいさんだいみようじん》(舞鶴市東神崎)の高麗というのも朝鮮を指しているといわれる。このような事例から、舞鶴の地は、朝鮮あるいは新羅ときわめて関係が深いといってよいだろう。

前に若狭や近江と朝鮮渡来人の足跡に触れたが、丹後から舞鶴にかけても朝鮮渡来人の足跡を確認することができ、それがさらに若狭、近江へと連続していることが明らかになるのである。

皇室と天橋立

『出雲風土記』に記された天橋立の時代、この地に降り立ったといわれるのは、いったいどんな神々だったのだろうか。

それを知る手掛かりが、天橋立の根元に位置する籠神社に幸いにも残されている。

籠神社は丹後国一宮として知られ、天橋立を参道とした古社である。

この社には前にも触れたとおり『海部《あまべ》氏系図』および『海部氏勘注系図』と呼ばれる、代々この社に仕えてきた宮司の記録が現存する。どちらも、歴史研究の史料としてきわめて価値が高いことから国宝に指定されている。

この系図をみて、最も注目すべきは、初代が彦火明命《ひこほあかりのみこと》となっていることだろう。というのも、天皇のルーツは九州の日向《ひゅうが》・高千穂峯《たかちほのみね》に降臨した邇邇芸命《ににぎのみこと》といわれるが、彦火明命はその弟であるからにほかならない。

海部家では、皇室に対し失礼になるとして、これらの系図を公開せず秘蔵したという。

『勘注系図』によれば、この彦火明命は冠《かんむり》島に降臨したという。冠島は籠神社から海上約二〇キロに浮かぶ島で、籠神社の奥宮がある。また彦火明命は五穀や桑蚕をもたらしたという。さらに水田を開発し、田庭と呼ばれ、田庭が丹波になったといわれる。丹後はもと丹波の一部分であったが、七一三年に独立したものであることはいうまでもない。

いっぽう籠神社の名の由来だが『日本書紀』によると、彦火明命が「無目籠《まなしかたま》」に乗って、海神の住む宮へ行ったといい、その籠が社名になったものという。彦火明命は火明命の三世孫といわれる。

以上のつながりからみて、籠神社のルーツは皇室に関係していることがわかる。天橋立の地は、一見、皇室とは何ら無関係であるようにみえるが、実は天皇のルーツと深く関係していた。はたして、なぜこのような関わりが両者に生じることとなったのだろうか。

この元伊勢のある大江山は、鬼退治で知られている。大江山の鬼は三時代に分かれる。最も古い鬼は古墳時代の初め、次の鬼は飛鳥時代、最後の鬼は平安時代の中期に現われる。

それぞれ陸耳御笠《くがみみのみかさ》（土蜘蛛《つちぐも》）、翼胡《てんこ》・迦樓夜叉《かるやしや》・槌熊という三匹の鬼、そして酒呑《しゆてん》童子《どうじ》である。

すなわち天皇のルーツと元伊勢の関わりについては、この鬼退治の伝承の解読によって説明できるのではないか、という視点が本書を著すきっかけとなった。

この鬼退治の他、天橋立周辺には数多くの有名な伝説が残っている。『丹後国風土記』逸文には、前に引用した「天椅立」の伝説の他、「羽衣伝説」、「浦島太郎伝承」が載せられているのだ。

こうした伝承の数々も、天皇のルーツと決して無関係ではない。単に鬼退治だけでなく、かぐや姫や浦島太郎などの伝承の解読を通して、皇祖神と天橋立の地の関わりについてあぶり出そうというのが、本章の目的である。

鬼退治の「鬼」とはいったい何を指すのか。またかぐや姫にモデルがいたとすれば、それは誰を指すのだろうか。

さらに浦島太郎の行った龍宮城とは、はたしてどこのことなのだろうか。

こうした問いを解く鍵が、あの天橋立に隠されているのである。

単に日本三景の一つとして天橋立は美しいだけではない。日本の発祥を知るための最も重要なスポットこそが、天橋立なのである。

以下、伝承の闇に分け入ってみよう。

2 聖徳太子と鬼退治

青葉山の征服

天橋立のある若狭湾を望む地、京都府と福井県の県境にそびえる山が青葉山である。標高六九九メートル。周辺では最も高い山で、別名・若狭富士あるいは馬耳山《ばじやま》として知られる。

というのも福井県側から見ると、富士山のような左右対称に近い美しい三角形の姿を呈し、京都側から見ると東西二山の馬の耳のようなかたちをもつためだろう。

この青葉山は、二度にわたり征服されたようである。第一次征服は、大和朝廷将軍・日子坐王《ひこいますのみこ》による古墳時代の征服（『丹後風土記残欠《ざんけつ》』）。土蜘蛛たちは日子坐王に追われて、元伊勢のご神体山・大江山へ逃げ込んだが殺されたという。

この事件を『古事記』は「日子坐王おば、丹波国《たにはのくに》に遣わして玖賀耳笠《くがみみかさ》を殺さしめた

福井側から眺めた青葉山

京都側から眺めると馬の耳のように見える

まひき」と伝える。また『日本書紀』には日子坐王について、大和朝廷の軍人の一人「丹波道主命《たにはのみちぬしのみこと》」であると述べられる。

第二次征服は、聖徳太子の弟で、主に太子の軍事面を支えたという麻呂子王《まろこのみこ》が、父・用明天皇の命で行なった飛鳥時代の征服。この麻呂子王の別名が「金麿皇子《かねまろみこ》」「金丸親王《かねまるしんのう》」であることから征服の目的は、青葉山から特別に発掘される銀や鉄、水銀などの金属資源であったといわれる。

青葉山には鉱山跡が残る。山麗の熊野神社（泉源寺）は旧名「波多《はた》」と呼ばれ、かつて「波多明神」があったといい、秦氏（河勝）の存在が見え隠れするのだが、江戸時代には銀山があった。鉄を制することは軍事によって国を制することであるから、二度にわたり征服を受けたのだろう。

聖徳太子というと、戦争とは関わりのない聖人のように思われやすいが、摂政として天皇に代わって政治を牛耳《ぎゅうじ》る立場にあるから、戦争を避けて通ることができなかったといってよい。

青葉山の二次征服の後も六〇二年には、弟・来目皇子《くめのみこ》を将軍に任じて新羅を攻めている。しかし来目皇子はあっけなく病死、後任に麻呂子王を任じている。しかし難波を出航したものの、明石浦で妻を亡くしたため、悲しみから新羅攻めを断念したという。青葉山を開いたのは、僧・泰澄《たいちょう》であるといわれ、山頂に白山《はくさん》神を分祀したのがはじまりだという。江戸時代までは女人禁制の聖地であり、現在も松尾寺《まつのおでら》や中山寺などの古代創建の古刹がある。

泰澄は、あの聖徳太子の片腕として知られる秦河勝の末裔《まつえい》であるといわれ、正式には秦泰澄という。松尾寺の摂社に秦氏の氏神の一つ八幡神社がある点が、それをうかがわせる。「八幡《やはた》」の語源は秦《はた》である。白山で修行したというが、その青葉山の海上正面に「馬立山《ばたてやま》」がかつてあったとされ、古代に水没した記録が多数残っている。その馬立山の一部が残ったのが青葉山で、馬耳山と呼ばれるようになったという伝承がある。

泰澄が開く前、この山には、陸耳御笠《くがみみのみかさ》が住んでいたとみられ、この地を支配した渡来人の首長であったという。別名・土蜘蛛《つちぐも》とも呼ばれるが、全国の土蜘蛛伝承のほとんどが大和朝廷統一の際、征服された被害者であるという説が有力である。青葉山は西峰に「笠津彦」を祀るが、これは陸耳御笠のことであり、この地方一帯が「加佐《かさ》郡《ぐん》」と呼ばれたのも、その名が語源という。

青葉山の第二次征服においては、再び大江山に籠った土蜘蛛である英胡《えいご》、軽石《かるいし》、土《つち》熊《ぐま》のうち二人を殺し、一人を丹後半島先端にある、「立石《たていわ》」に封じたという。

注目すべきは、立石は間人《たいざ》の地にあることで、間人は「丁未《ていび》の変」（五八七年）と呼ばれる聖徳太子が物部守屋《もののべのもりや》を討った戦《いくさ》の際、太子の母・穴穂部間人《あなほべのはしひと》皇后が滞在した領地であったことだ（『丹後旧事記』）。

「間人《はしひと》」とは人と人の「間のこと」であり、通訳を意味するともいわれ、のちに詳しく述べるように「穴穂《あのう》」という氏族は渡来人であることから、朝鮮から上陸した人々と朝廷の通訳をつとめた渡来人の末裔であるとみられる。

この間人の地では、死者の頭を大陸に向けて埋葬する風習が長らく残っていたといわれ、渡来人の居住地であったことをうかがわせる。

その子である太子も正式には「馬厩皇子《うまやどのみこ》」というが、馬は朝鮮から渡来人が伝えたものであることから、渡来系氏族のひとりといってよい。『日本書紀』には太子が愛馬・黒駒に乗って信濃や若狭を旅をした話が記されており、太子が造らせたという飛鳥寺や法隆寺の本尊を手掛けた鞍作止利《くらつくりのとり》も「鞍作」という馬に関係した名をもつ。

『聖徳太子伝暦』や『上宮聖徳太子伝補闕記』にも馬で富士山に登ったと伝えられる。これらも太子が渡来系一族の血を引くことを伝えるものだろう。

太子と馬はさまざまな伝承によって結びつけられる。例えば太子創建という滋賀県・石馬寺《いしばじ》には、太子の馬が旅の途中、石になって沈んだという池が残る。

また、奈良・法起寺の近くには「駒塚古墳」と呼ばれる太子の愛馬・黒駒の前方後円墳と馬の世話をした調子丸の古墳がある。さらに毎日斑鳩から太子がかよった筋違道には「駒つなぎの柳」や太子が休んだ「御幸石」が残る。

前述の馬耳山、馬立山という名称も、太子と決して無関係ではない。また太子だけでなく麻呂子王についても、青葉山の征服の際、商人が死んだ馬を葬っているのを見て「この征伐、利あらば馬必ず蘇るべし」と祈誓すると、たちまち馬が蘇ったという。この場所は今日「馬堀」と呼ばれる。馬は渡来人の再生のシンボルでもあったことがわかる。

馬頭観音による鎮魂

もと土蜘蛛の本拠であった青葉山の福井県側に「馬居寺《まごじ》」がある。六一九年、聖徳太子が創建したと伝わる古刹であり、発掘の結果、もとは巨大寺院であったという。しかしその後衰退し、多数存在した仏像は他の寺へ移され、現在、本尊で秘仏の馬頭観音坐像（重要文化財）のみ現存し、二四年に一度、ご開帳される。

この像は、秦河勝とともに太子が現地を訪れた際、造仏したものといわれ、実際飛鳥時代の様式をもっている。もともと、けばけばしい厚化粧が施されていたため、かえって他の寺へ引き取られることなく捨て置かれたものという。

ちなみに太子は、やはり奈良市池田町にも黒駒に乗って訪れると、秦河勝に命じて池を掘らせ、菩提山川の水を引き、灌漑《かんがい》用水を引き入れている。

近年、京都の国宝修理所で専門家の解体修理を受けた際、中からまったく異なる姿の像が奇跡的に発見された。おそらく厚化粧は意図的に施されたものであり、この仏像を守るためのカモフラージュだったのだろう。

というのも馬頭観音は、朝鮮系渡来人のシンボルとでもいうべき重要な仏だからである。

観音菩薩三三種類の一つであり、サンスクリット語で「ガヤキリバ」（馬の道）という。仏教がシルクロードを渡って来る際、ヒンドゥ教の最高神・ヴィシュヌが仏法の守護神として取り込まれたものという。太陽神を指し、ヴィシュヌとは「毘沙門《びしゃもん》天《てん》」の語源であり、怒れる武将の姿をしている。

馬頭観音が観音菩薩唯一の憤怒の姿をしているのも、ルーツが毘沙門天であるからにほかならない。六観音の一つでもあり、冥界の入口である六道の一つ、畜生道の入口で救う役割を担っている。

ご利益は悪霊調伏、衆病息除《しゅうびょうそくじょ》、天変地異排除といわれ、いわゆる「怨霊鎮魂」の仏といってよい。

はたして聖徳太子は、なぜこの地に馬頭観音を安置したのだろうか。馬居寺の地は、かつて土蜘蛛の領地の一部であった。太子は、父・用明天皇や弟・麻呂子王などの太子一族によって征服され、殺された土蜘蛛の鎮魂のために、この地に馬頭観音を祀ったのではないだろうか。

なぜなら、土蜘蛛の本拠地であった青葉山にも二体の馬頭観音が意図的に配されているからである。

青葉山の馬頭観音の一つは、中腹二五〇メートルの地に建つ松尾寺の本尊（重要文化財）で、七七年に一度のご開帳、次は二〇八五年に公開される。

松尾寺は七〇八年漁師「春日為光」による創建ともいわれるが、本尊は飛鳥時代の様式をもつ。本尊が馬頭観音である寺院はきわめて珍しく、青葉山周辺に馬居寺を含めて三寺もあるのは他に例がない。

松尾寺では毎年五月八日に「仏舞《ほとけまい》」（重要無形文化財）と呼ばれる仏の仮面をつけて踊る儀式が催される。これは春に奈良の多くの古刹、東大寺や薬師寺、法隆寺などで行なわれる修二会《しゅにえ》（鬼追式）に相当するものだろう。

八日は薬師如来の祭日といわれ、観音は薬師如来の化身とされることから五月八日に開催されるものとみられる。例えば東京・新井薬師は裏表に薬師如来と観音が描かれた図像を祀っているのも、そうした意味によるものである。

薬師如来のご利益は、その名の示すとおり病いを取り除くことだが、もう一つご利益がある。かつて医学が未発達であった時代に、病いは悪霊が引き起こすと考えられたことから、病いの根源である悪霊を封じることもご利益の一つとされた。松尾寺の馬頭観音の背後にも、そうした目的が隠されているのではないだろうか。

というのも、松尾寺からみて青葉山山頂から、一年で最も勢いの強い夏至の日の出を正確に観測できる位置関係になっているからだ。松尾寺古図には、本堂の背後にわざわざ太陽が描かれており、ここに自然暦の意図がうかがえる。

さらに創建伝承に出てくる「春日為光」という名も自然暦をうかがわせるものである。こうしたしくみをもつのは、単に松尾寺に限ったことではない。松尾寺と同じく馬頭観音を本尊とする寺が青葉山にある。これが中山寺で、この山を開いた泰澄の創建といわれる。

七三六年創建といわれるが、やはり松尾寺同様、本尊の馬頭観音（三三年に一度のご開帳）は、飛鳥時代までさかのぼる様式をもつといわれ、二つの像が同木から刻まれたという伝承もある。

驚くべきは、この中山寺からみて、青葉山山頂へ正確に夏至の日没を観測できることだ。松尾寺からは夏至の日の出を、また中山寺からは夏至の日没が青葉山山頂に観測できるうえに、両者ともに鎮魂のご利益をもち、かつ太陽神である馬頭観音を本尊とすることになり、偶然の一致とは考えにくく、意図されたものといってよい。すなわち松尾寺において、山頂に出没する最も力のある夏至の日に土蜘蛛の成仏を祈ったわけである。

松尾寺は、発掘結果から創建当初と大きく伽藍配置が変わったといわれるが、中山寺は本堂、その他の配置は創建当初とあまり変化がないという。現在の本堂および書院は、同じ方位をもつが、この本堂の軸線を延ばしていくと、なんと青葉山山頂を通過することがわかる。つまり中山寺は、その伽藍配置までもが青葉山山頂に没する夏至の日と合致しているわけである。

さらなる符合は、松尾寺、中山寺ともに秦氏の氏神の一つ八幡神社が祀られてお

松尾寺の自然暦

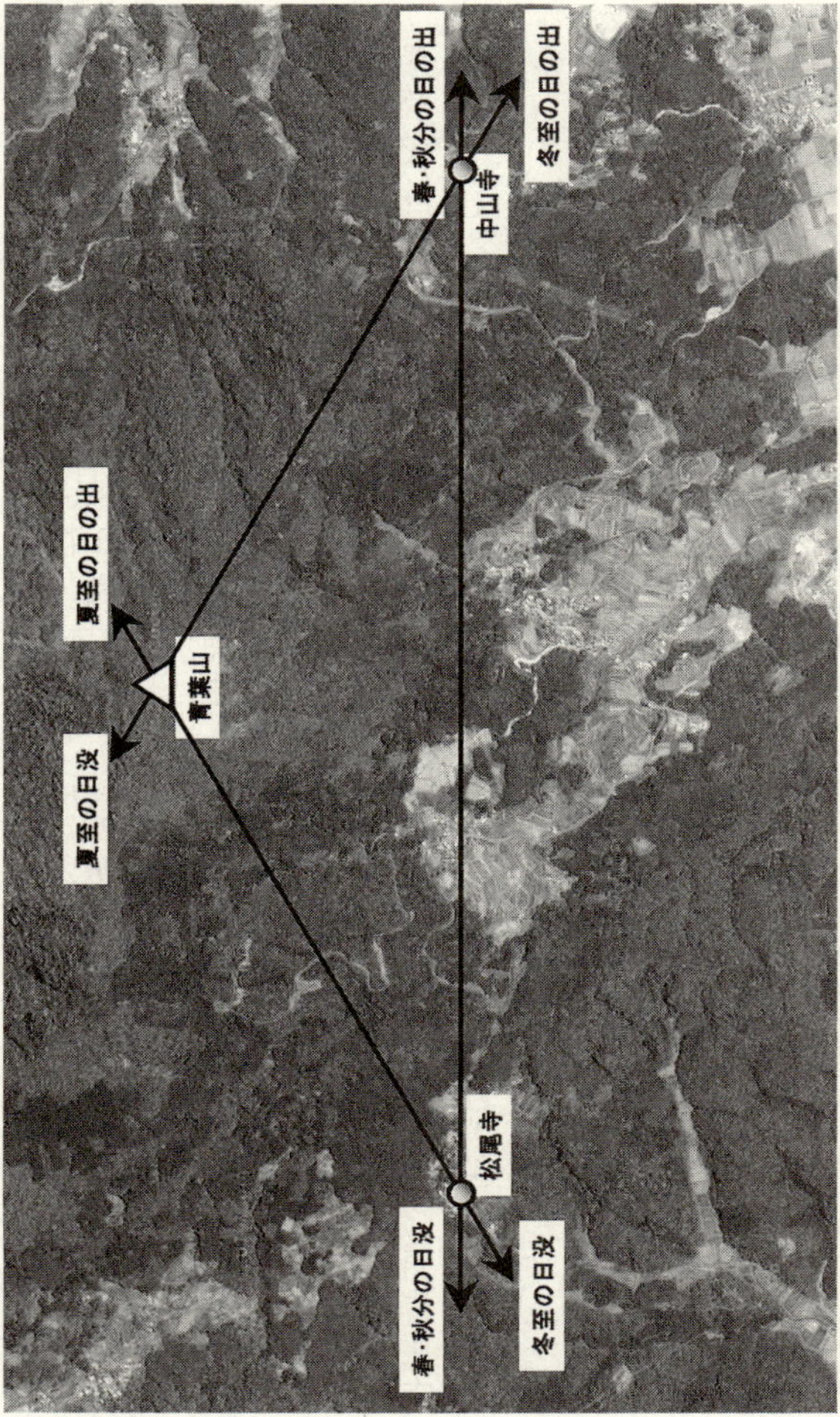
春・秋分の日の出
冬至の日の出
中山寺
夏至の日の出
青葉山
夏至の日没
松尾寺
春・秋分の日没
冬至の日没

り、両者ともに聖徳太子の片腕・秦河勝の氏族、秦氏の関与がうかがえることだ。

後に述べるとおり、秦一族の中に日置氏があり、日置部と呼ばれる自然暦による祭祀を行なったといわれる。青葉山の近くに「日置」の地名があり、日置神社が鎮座する。第一次征服を行なったのが「日子坐王」であったこともこの際、参考となろう。

いっぽう二社ともに秦一族の泰澄の創建になるが、泰澄の修行した山は日野川・丹生郡・朝日町であり、ここへ泰澄が勧請したというのが「日宮神社」であり、白山山頂から春分・秋分の日の出が望めるという。

青葉山の自然暦によるしくみも、この地の征服後、自然暦による鎮魂の祭祀を形成したものではないだろうか。中山寺の馬頭観音は非常に珍しい立てひざをついた座り方をしているが、これは朝鮮における正式な坐法である。

この地を征服した麻呂子王が聖徳太子の弟であり、なおかつ、三つの馬頭観音の一つを祀ったのが渡来人の血を引く太子自身であるという伝承からみて、これらの鎮魂の祭祀の背後には、太子の姿が見え隠れするといってよいだろう。

松尾寺・中山寺・金剛院の名称

松尾寺や中山寺の創建に秦氏が深く関わったことは、すでに詳しく観察したとおりだが、そもそもこれらの寺名はどうやって名付けられたのだろうか。その最大のヒントが、秦氏の氏神・松尾大社である。

京都・嵐山に標高二二三メートルの松尾山があり、七〇一年秦忌寸都理《いみきとり》が山頂付近の磐座から神を移して麗に創建したのが松尾大社である。『延喜式』と呼ばれる古代の神社のリストでも名神大社に列し、全国二二社の一社であったことがわかる。

秦氏は日本全国に広く分布したが、その総氏神が松尾大社であった。秦一族の一つ、依智《えち》秦氏は琵琶湖の東を領したが、聖徳太子ゆかりの永源寺や百済寺とともに、氏寺として金剛輪寺がある。この寺はもともと「松尾寺」と称し、松尾大社と神仏習合（神は仏が姿を変えて現われたという思想）した寺であったという。

青葉山の松尾寺も、同様に秦氏ゆかりの松尾大社から名付けられたのではないか。

というのも、青葉山の松尾寺の近くに金剛院《こんごういん》があり、新羅が訛った同じ「志楽庄」に位置する真言宗寺院である。

面白いのは、法隆寺の別院と称され、西院伽藍から松尾山に至る場所にも松尾寺があることだろう。日本最古（七一八年）の厄除け寺として知られ、青葉山の松尾寺同様、鎮魂の役目をもつといわれる。この法隆寺付近の松尾寺の北には矢田丘陵があり、矢田は秦を語源とする。

あの聖徳太子の創建である法隆寺の別院とでもいうべき寺院までが、秦氏ゆかりの寺であるのは単なる符合であろうか。

この他、大阪府和泉市にも松尾寺があるが、青葉山同様、泰澄の中興の寺である。六七二年、役行者《えんのぎようじや》が密教の鎮魂の密儀である七日間修法を行ない創建されたといわれる。『日本往生極楽記』や『今昔物語』などに取り上げられ、古代においてすでによく知られた聖地であったことがわかる。

こうした符合はひとり「松尾寺」だけではない。太子創建といわれる兵庫県宝塚市の真言宗の寺院は中山寺という。その近くの宝塚市山本には松尾神社があり、秦氏の領地であったという。

こうした「松尾」と「中山寺」、「秦氏」の符合は他にも数多く存在し、青葉山の符合も偶然ではなく、秦氏の祭祀形態を今に残す実例とみてもよいのではないだろうか。

七仏薬師と毘沙門天による鎮魂

青葉山の第二次征服の際、麻呂子王が行なったのは、馬頭観音を用いた自然暦による祭祀だけではない。土蜘蛛退治の際、麻呂子王がその鎮魂のために刻んだという「七仏薬師」の伝承が多数残されている（『多禰寺縁起』他）。麻呂子王が青葉山を征服する際、老翁が現われ、頭に明鏡をつけた白い犬を献上したというが、この白い犬というのは薬師如来の化身の一つであるといわれる。

七仏薬師とは本来、悪霊封じのご利益をもつ薬師如来像を、浄化を意味する「七」にあやかって、七体造仏する天台宗の「七仏薬師法」による祭祀法である。少し後の時代になるが、七四七年に聖武天皇の病気を治すために建てられた新薬師寺は七仏薬師であったといわれる。

近年七体を安置するための巨大な本堂跡が出土したが、一帯は、聖武天皇が菅原《すがわらの》道真《みちざね》を太宰府に左遷し、翌年の死の瞬間、身体がバラバラになって着地したという塚がのこる。ようするに玄昉鎮魂のための七仏薬師として造られたのだろう。

七仏薬師には七体の薬師如来像を安置する正式な方法と、光背に七つの化仏をつけた薬師如来像を安置する省略法の二種類がある。

正式法の事例は、新薬師寺の他、聖武天皇の後継者問題で都を追われて病死した不破内親王を鎮魂するために造られた松虫寺《まつむしでら》（千葉県）の七仏薬師が知られる。また、延暦寺とともに京都の鬼門封じとして早良《さわら》親王の鎮魂のために造られた鶏足寺（滋賀県）にも七体中三体が残されている。

いっぽう省略法の七仏薬師としては、悪僧・道鏡《どうきよう》の怨霊鎮魂のために造られた神護寺の例、菅原道真鎮魂のために造られた醍醐寺の例、物部守屋鎮魂のための法隆寺西円堂の例などがある。

青葉山周辺の七仏薬師伝承というのも、同様に土蜘蛛鎮魂をうかがわせるものだ。
それら七仏を祀る寺は次のとおりである。

施薬寺（与謝野町字加悦）
清園寺（大江町河守）
元興寺（丹後町願興寺）
神宮寺（丹後町是安）
等楽寺（弥栄町等楽寺）
成願寺（宮津市小田宿野）
多禰寺（舞鶴市多禰寺）

この中の神宮寺では、麻呂子王の家臣・難波氏が代々「八月薬師大祭」を毎年七月八日に催し続けている。麻呂子王の妹は、酢香手皇女《すかてのみこ》という巫女《みこ》で、伊勢神宮の斎王をつとめた。麻呂子王にもシャーマンの血が流れていたとみても決して不自然ではない。

土蜘蛛征服の地・青葉山へ、さらに麻呂子王が施した鎮魂の秘儀がある。青葉山山頂を正確に北へたどると、普門山・正楽寺が建つ。

この寺は、松尾寺隠居所として建てられたもので、住職が松尾寺を辞して晩年、この地で松尾寺を守り祈願する一対の寺として創建されたものという。「日引」の地にあり、自然暦との関連を思わせる地名である。

この正楽寺には、飛鳥時代までさかのぼりうる五体にも及ぶ兜跋《とばつ》毘沙門天立像が安置されているのだ。

なぜ松尾寺の真北に祀られたのかというと、兜跋毘沙門天が北方の守護神であるからにほかならない。もとはヒマラヤ北方のコータン地方で信仰された神仏であり、「兜跋」とはその姿にもみられるように中国風の鎧（ロングコート）のことを指す。

平安京を造った際も、真北の鞍馬寺に兜跋毘沙門天立像が祀られた。新薬師寺の薬師如来をとり囲む十二神将のうちの宮毘羅《くびら》大将や四天王のうちの多聞天《たもんてん》というのも、呼び名が異なるだけで同じ尊像である。よって十二神将の場合も四天王の場合も、北に守護神として安置される。

正楽寺には松尾寺の北方の守護神として、五体にも及ぶ兜跋毘沙門天が仁王立ちで安置されていることになる。

太子一族と関係が深い丹後の地

前にも少し触れたように、天橋立の近くの間人の地は聖徳太子の母・穴穂部間人皇后の領地であった。蘇我馬子《そがのうまこ》、聖徳太子が物部守屋を討った五八七年の戦いの際、間人皇后が逃れたのがこの地であるという。

この事件について『竹野郡誌』に次のような記述がある。

「穴穂部皇子、馬子宿禰にいまれて、当国に走り竹野郡間人浦に隠る。此《こ》の所は間人皇后の領なる故なりと伝ふ」

この中の穴穂部皇子《あなほべおうじ》とは、この戦の際どちらの勢力からも追いやられ、のちに馬子に殺された悲劇の皇子である。間人皇后は同母兄にあたり、間人を頼って逃げてきたというのである。

こうした記述は『丹後旧事記』などにも載せられており、見逃すことができない。聖徳太子は、穴穂部皇子の甥にあたる。馬子側にいた太子は、いったいこの悲劇をどう思ったのだろうか。

この間人の地にある竹野《たかの》神社の摂社の祭神の中に、麻呂子王が祀られている。何を隠そう麻呂子王の母が間人皇后なのである。『薬師堂記』には次のように記される。

「御母間人皇后　金麿親王（麻呂子王）を顧愛して今御所坪と名付る地へ来りて止宿遊いさるる事十有余日」

この中の「御所坪《ごしょつぼ》」という地名は今も間人の地に残されている。つまり、麻呂子王が追いつめて二匹の鬼を殺し、一匹を立石に封じ込めたというこの間人の地で実母と十数日過ごしたというのである。

立石ではかつて、竹野神社の「鬼祭り」の日に麻呂子王の家臣であった竹野神社の宮司・桜井氏によって特殊な祭文が唱えられたという。この「鬼」とはいったい誰を指すのか。

やはり、これは土蜘蛛のことだろう。土蜘蛛は青葉山一帯だけでなく、その最後の地となった立石においても鎮魂され続けていたのである。

これらの一連の聖徳太子一族と間人の地の関わりは、はたして偶然の符合だろうか。

聖徳太子には四人の妃がいたが、太子の子一四人中八人を産み、最も太子が愛した妃が膳大郎女《かしわでのおおいらつめ》であったという。『聖徳太子伝暦』には太子が「死後は共に埋葬されよう」と語ったと記される。

この妃は、天橋立の接する若狭湾から丹後一帯を領した膳《かしわで》氏の出身である。若狭は「御食国《みけつくに》」と呼ばれ、皇室に海産物を貢いだ国であり、その国師を膳氏がつとめたという。食事をする際の「お膳」はこの氏名からきているともいう。

太子の母や弟だけでなく、最愛の妃まで丹後に関わるのは単なる偶然とは考えにくい。

興味深いのは六二一年十二月、太子の母・間人皇后が亡くなると、翌年二月二十一日に膳大郎女が亡くなり、その翌日太子も亡くなっていることである。しかも三人は磯長陵《しながのみささぎ》に共に葬られたという。

彼らの相次ぐ死と三人の合葬の意図は不明な点が多く、よくわからない。しかし、太子一族が丹後で結ばれていたことは、十分にうかがえよう。

間人皇后が生んだ太子の弟・来目皇子の妃は、膳大郎女の妹・膳比里古郎女である。また、太子の一番下の弟・多米皇子は、なぜか間人皇后と再婚し、子供をもうけている。さらに太子の後継ぎ山背大兄王《やましろのおおえのおう》の妃は、膳大郎女と太子の子・春米女王《つきしねのひめみこ》である。

このようにみてくると、丹後の地に太子一族は深く根ざしているように思われる。皇族であり、天皇の代わりに政治を行なう摂政であった聖徳太子は、当時一地方都市に過ぎなかった丹後と、はたしてどんな関係をもっていたのだろうか。

丹後と王権の密接な関係

今日、京都府下には九一四九カ所の古墳があるが、そのうち五〇七四カ所が丹後に集中して存在する。古墳時代において丹後の地がいかに栄えていたかを如実に示すといってよい。

特に日本屈指の豪華さや規模を誇る古墳が実に多い。

例えば、大田南五号墳は日本最古の紀年「青龍三（二三五）年」をもつ青銅鏡がみつかったが、この年号は中国の三国時代の魏のものである。『魏志倭人伝』では二三九年に卑弥呼の使者が中国から「魏の鏡」一〇〇枚を持ち帰ったと記されていることから、その鏡の一つである可能性が高いという。後に詳しく触れるとおり、卑弥呼は丹後出身であるといわれる。

また湯船坂二号墳は、六世紀後半の円墳で横穴式石室から約四五〇点にのぼる副葬品が出土した。金、銀を施した大刀や金環、馬具など高貴な人物を葬ったことを示す豪華なものが多く、重要文化財に指定されている。

さらに神明山古墳は、日本海側では最大級の前方後円墳、全長一九〇メートルもある。四、五世紀にかけて丹後一帯を支配した人物の墓という。

この他、銚子山古墳は日本海側最大の前方後円墳で全長一九八メートル、五世紀初めに造られたといわれる。

これらの豪華かつ大規模な古墳が集中的に造られていることからみて、かつてここには「丹後王国」とでも呼ぶべきものがあったのではないかという。

前述の二回におよぶ丹後の征服というのも、こうした王国が、ヤマト王権に統一されていく中で起きたものとみられる。

『古事記』や『日本書紀』、その他をみると、この丹後から数度にわたり、天皇の妃や女王が出ていることに気づく。例えば世襲足媛《よそたらしひめ》は孝昭天皇の妃、宇那比姫命《うなびひめ》（卑弥呼）、竹野媛は開化天皇の妃、葛城高千名姫命は崇神天皇の妃、日葉酢媛は垂仁天皇の妃と、枚挙に暇がない。

これはおそらく、ヤマト王権統一のための融和策であり、血縁関係をもつことで安定政権を保ったものだろう。

皇族である聖徳太子一族に、丹後出身の妃が多いのもその一端にほかならない。太子一族と血縁関係になることで融和し、お互いに利用しあったといってよい。

太子が欲したものは、丹後の鉄だったのではないか。鉄は武力＝権力につながる。

丹後には五世紀末の遠所製鉄遺跡ほか四八カ所に及ぶ鉄生産の古代遺跡がある。渡来人が伝えた朝鮮の製鉄技術が生かされたものとみられる。

そして、丹後側が欲したものが、中央政権への進出だろう。渡来系氏族がヤマト王権の中へ血縁関係によって足場を築く。穴穂氏にしても、膳氏にしても、その後、大和朝廷の重鎮の座を手に入れるのである。

そして天橋立こそが、渡来人の上陸地の記念碑として、人知れずその景観を今も残しているのである。

3 秦氏とかぐや姫伝説

秦河勝

太子七か寺の一つが広隆寺である。

『日本書紀』によれば六〇三年、厩戸皇子の片腕であった秦河勝が、皇子から弥勒菩薩像を賜り、本尊として創建したのが広隆寺であるという。

本尊・弥勒半跏《はんか》思惟《しゆい》像は新羅から贈られたものといわれ、当時の日本の木像仏がクスノキで造られたのに対し、朝鮮原産のアカマツ材で造られているところから、それが裏づけられる。

また、現在韓国には七世紀以前に造られた半跏思惟像が現存しており、韓国国立中央博物館の像が、広隆寺の本尊に酷似していることも、朝鮮半島で造られたことを示唆している。

後に詳しく述べるとおり、秦氏は新羅系渡来人の家系であることから、厩戸皇子は新羅仏を託したにほかならない。

六一〇年、新羅の使者の接待役を秦河勝がつとめたことからも、新羅と河勝のつながりがわかる。守護神・宇佐八幡宮の主祭神「誉田別尊《ほむたわけのみこと》」は応神天皇のことだが、この誉田は創建者秦氏の名が訛ったものであるといわれるからである。「八幡《やはた》」の「はた」も秦氏を表わし、秦氏が代々神職をつとめた。

また太子が制定した「冠位十二階」の第二番目の階位である「小徳」を河勝は与えられている。これは河勝の姓《かばね》が奴隷を意味する「造《みやつこ》」であったことを考えると、異例の出世であるといってよい。他の「小徳」の人物を調べると、中臣や物部、巨勢《こせ》、大伴などの中央有力豪族ばかりで渡来系豪族はひとり河勝のみである。

広隆寺を建立した秦氏は、朝鮮半島出身の渡来人の家系といわれる。近年旧新羅国、現在の韓国慶尚北道蔚珍「郡波旦」出身であることが明らかになり、秦の語源といわれる。その系図によると、ルーツは秦の始皇帝にあるといわれ、九代が酒秦公、十五代が河勝秦公にあたるという。

秦氏は日本に大陸の先端技術を数多く伝えた技術者集団として帰化したとみられ、おもに山背国（現在の京都）の開拓に関わったといわれる。

秦河勝は厩戸皇子の側近であるとともにスポンサーでもあったとみられ、厩戸皇子の長男・山背大兄皇子が「山背」と名のるのも、山背国の領主・秦河勝をスポンサーにしたためといわれる。

京都を流れる桂川は古代には暴れ川として知られ、氾濫を繰り返したというが、五世紀後半、秦氏はその高度な技術を駆使して、桂川上流に巨大な「堰《せき》」すなわちダムを築いたという。

桂川が、現在の渡月橋のあたりで「大堰川」と呼ばれるのは、その堰からきている。今も渡月橋上流には当時の段差が残るという。

彼らが築いたのはダムだけではない。秦氏の氏神・松尾大社近くの松室遺跡では、幅約六〇メートルもの人工水路が出土した。つまり、桂川から肥沃な大地に水を引き入れ、田畑を開拓したことがみえる。

秦氏はこうした高度な土木技術力を武器に、領地を豊かな農耕地として、大いに財

渡月橋は現在では京都の代表的な観光スポット

をなした。

いっぽう、養蚕の技術も大陸から日本へもたらした。「機織《はた》り」の「はた」は「秦」を語源とする。絹のことを英語でSilk、モンゴル語でSirkek、満州語でSirgerというが、これらはすべて「新羅」を語源としている。養蚕技術の先進国・新羅出身の秦氏によって絹をつくる技が伝えられたのである。

広隆寺にほど近い木嶋《このしま》神社は秦氏の創建であり、別名「蚕《かいこ》の社《やしろ》」と呼ばれる。ここに人工的な水路があり、奥の水上に「三柱鳥居」が立つ。

この三柱鳥居の三つの鳥居それぞれの方位には、松尾山と稲荷山、双ヶ丘《ならびおか》の山頂がぴったり位置している。松尾山には秦氏が七〇一年に創建した松尾《まつのお》大社、稲荷山には秦氏が七一一年に創建した伏見稲荷大社、そして双ヶ丘には秦氏一族の古墳群があるので、偶然ではなく意図的な位置関係とみてよいだろう。

また、三柱鳥居と松尾山の軸線上には、比叡（日枝）山、稲荷山の軸線上に愛宕山、それぞれの山頂があるのも決して偶然ではない。

七九四年には、桓武天皇によってこの秦氏の領地に平安京が遷都されるが、皇居で

木嶋神社には全国でも珍しい三柱の鳥居がある

ある大内裏から見て、冬至の日没の方位に木嶋神社と松尾大社がぴったり位置する。

また、夏至の日の出の方位には下鴨神社がぴったり位置するが、この社は松尾大社の祭神・大山咋神《おおやまくいのかみ》の子を祀ったもので、祭主・鴨氏は秦氏の血を引く。ちなみに比叡山の守護神・日吉大社の祭神も大山咋神である。

さらに大内裏から見て夏至の日没の方位には高雄山上に建つ神護寺があるが、この寺を創建した和気清麻呂《わけのきよまろ》も秦氏の血を引く。

序章で詳しく述べたとおり、一定の場所から見て、夏至や冬至、春分・秋分の太陽が一定の山から出没するしくみを「自然暦」と呼び、農耕のための暦や祭祀として古来、各地で用いられてきた。

この自然暦というのも、朝鮮半島の扶餘《ぷうよ》や扶蘇《ぷうそ》、公州《こうしゅう》などが発祥とみられ、朝鮮大陸からもたらされたものである。秦氏は、農耕に関係する治水や養蚕、酒造などとともに、自然暦をもたらしたことがわかる。

中村修也氏によれば、河勝は、太子の側近あるいは「軍事顧問的存在」であったという。

木嶋神社の三柱鳥居・大内裏を中心とした自然暦の図

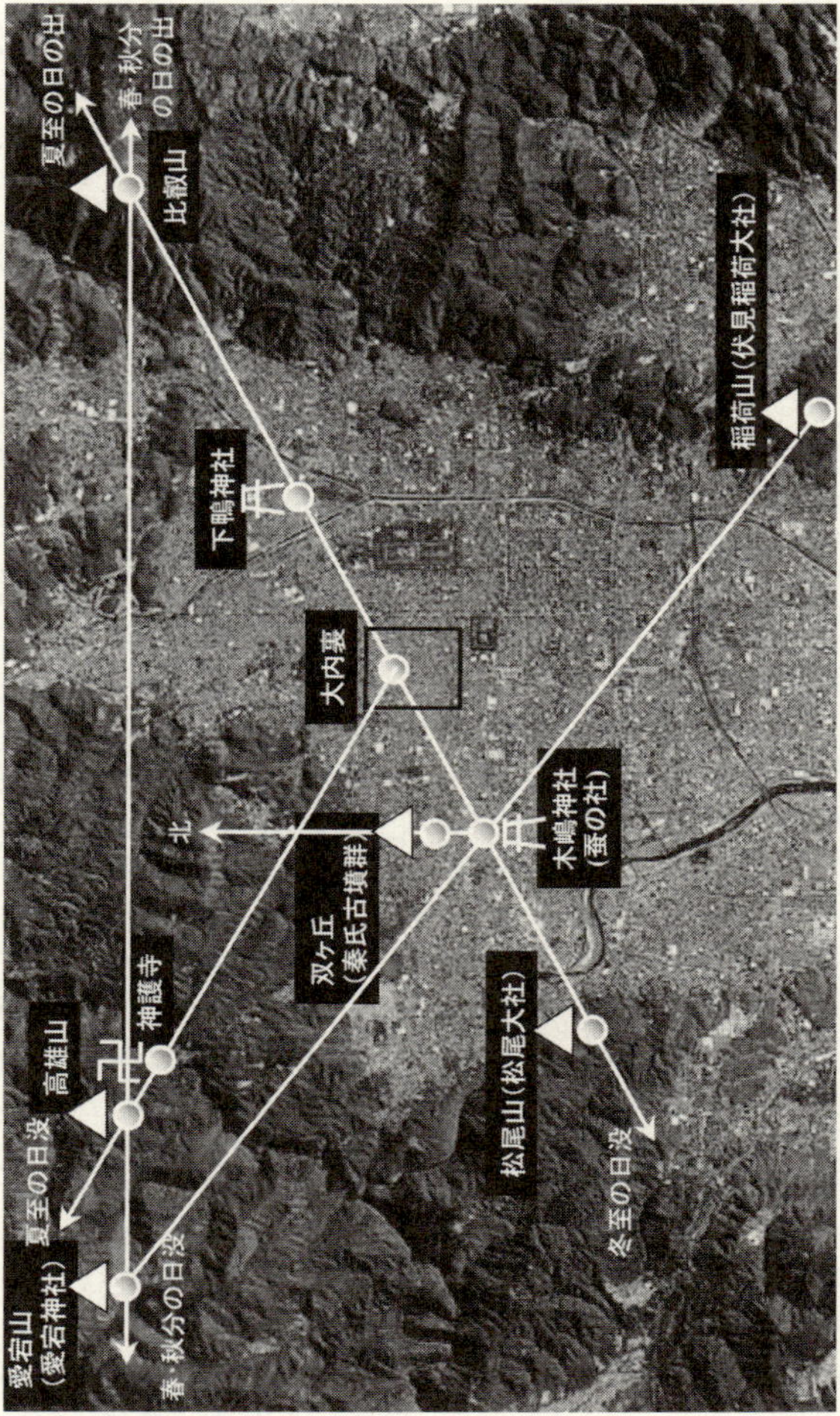

今日、広隆寺には太子像とともに河勝の神像が祀られている。一目で人格者ととれる風貌をもつが、どこか暗い影がさしているようにも見える。はたしてこの暗さはどこから来るのか。

聖徳太子は六二二年、妃の死の翌日突如亡くなるという異常な死を遂げ、その二年後、太子一族の虐殺という悪夢が起きた。この時をもって、河勝は最大のパトロンを失ったのであった。河勝はその後どうなったのだろうか。

太子が死に、太子一族が滅亡しても彼はまだ生きていた。『日本書紀』によれば、東国の富士川で民を惑わす者を討ったという。この頃すでに八〇歳以上の高齢であったらしい。

しかし、その後ぷつりとその足跡は断たれる。これは河勝の失脚を意味するのである。以後、河勝の子息は『上宮聖徳法王帝説』にひく天寿国繡帳作成に関わった秦久麻くらいしか知られていない。朝廷で活躍した秦氏は唯一、河勝だけといってよい。河勝の墓は大阪府寝屋川市にあり、中央を追われたことをうかがわせる。

丹後の徐福伝説

日本各地に「徐福伝説」と呼ばれる伝承がある。

紀元前二二一年に中国の統一を果たした秦王「政」は新たに皇帝の位をつくり「始皇帝」と名のった。始皇帝は不老不死の薬を欲し、徐福に三千人の人夫をつけて航海に出したが、戻ってこなかったという（『史記』）。

『神皇正統記』によれば「秦ノ始皇即位、此始皇仙方ヲコノミテ長生不死ノ薬ヲ日本ニモトム」と記され「仙丹」と呼ばれる薬を求めてやってきたのだという。

仙丹とは何かというと、丹は水銀を含む丹砂のことで、不老不死の薬というのは、水銀のことを指す。今日水銀は水俣病をひきおこす毒として知られるが、かつてはミイラの防腐剤として用いられ、遺体を腐らせず保つ効果から、いつしか不老不死の秘薬と考えられるようになった。

特に中国の皇帝に愛用されたが、その結果は惨憺《さんたん》たるもので、唐の王朝二〇人中六人は仙丹により中毒死したという。こうした不老不死への皇族の渇望は、単に中国だけのことではなく、日本においても水銀埋蔵地帯のある奈良・吉野や三重・熊野、和歌山・高野山に、皇室の行幸が頻繁に記録されている。

そして丹後から若狭にかけての地域も大水銀埋蔵地帯として知られており「丹後」の丹は水銀を表わしている。

徐福が上陸したという伝承は、日本各地に分布しているが、中でもよく知られるのが、丹後半島の先端に位置する新井崎《にいざき》神社である。

前に触れた『史記』には「三千人の童男童女と百工（多くの技術者）を従え、五穀の種をもって東方に船出し」たというが、この新井崎神社では「童男童女村人」が訛って「トウナンカジュクウ」といって親しまれる。各地に分布する徐福伝承は、三千名もの船団が海流の違いで各地に分散して上陸したものともとれる。

もっとも中国の『史記』には徐福について「不死の薬を名目に始皇帝から物品をせしめた詐欺師」として描かれており、帰国することはなかったという。これは『漢書』にも「徐福をして海に入り、仙薬を求めしむ。多く珍宝、童男女三千人、五種、

徐福が上陸したと伝えられる新井崎神社

丹後半島の伊根の舟屋の町並み

百工を費して行かしむ（中略）止まりて王となりて来らず」とあり「呉書」にも同様の記述があることから、信じてよいと思われる。

この新井崎神社のある伊根は、舟屋の町並みをもつことでよく知られ、一階に舟の倉庫をもち、二階屋は直接海に面した建物が二七〇戸ほど棟を並べる。こうした造りは独特のもので、朝鮮半島で特に見られる形式という。

いっぽう、ほど近い袴狭遺跡で発掘された四世紀頃の画に一五隻の舟が描かれ、徐福漂着を匂わせるものがあり、注目を集めた。

徐福が漂着した場所は「ハコ岩」といい、新井崎神社の建つ岩壁の足もとの四角い岩群であるといわれる。

興味深いのは、『宮津府志』によれば新井崎のことをかつて「子日崎《ねひ》」とも呼んだことである。「日置高石のあたりなり」、とも記される。子日、日置といえば、自然暦が想起されよう。

実際神社は真東を向いており、正面の冠島から朝、秋分の日の出が観測できる。『伊根町誌』には町の伝承として「昔、花による冠島より新井崎神社までの黄金の橋がかってい」たという。

おそらくこの伝承は、新井崎神社の春分の自然暦を指すのだろう。また、舞鶴市成生では、夏至の翌日、男子全員が船で冠島の老人島神社を参詣する風習があるが、これも自然暦との関連を示唆するものだろう。

徐福一族は秦氏か

それでは、この徐福とはいったい誰のことだろうか。『義楚六帖』（後周）には「今に至りて徐福の子孫皆『秦』氏と言う」と記される。徐福一族ははたして、秦一族なのか。

『太秦村史』によれば、秦氏は応神天皇の時代に、一二七県の民を率いて帰化した弓《ゆ》月君《づきのきみ》の子孫であるといわれ、徐福伝説とは五世紀もの隔たりがある。それでは両者が結びつかないのかというと、全国の徐福伝承地のほとんどが秦氏と結びつく。

徐福を祀る新井崎神社からみて若狭湾の対岸に位置する大飯郡青郷から「秦人」と

記された木簡が複数発見されており、付近には「畑」の地名があって、この地を秦氏の同族が治めていたことがわかる。

また青郷から丹後に近づいたあたりに、熊野神社（舞鶴市泉源寺）があるが、明治期の神仏分離までは「波多《はた》明神」が祀られ、地名も「波多」と呼ばれた。この地も秦氏の領地であったといわれる。

さらに丹後に近づいた由良川下流左岸には「八田《はた》」があり、秦氏の氏神・松尾大社の分社「松尾神社」が建つことからも、この地が秦氏の領地であったことがうかがえる。

いっぽう丹後半島のほぼ中央に位置する溝谷神社（弥栄町）も秦氏が祀ったものといわれ、新羅明神を主祭神とする。また、秦氏が祀った網野町の八幡神社や、丹後町の八幡神社があり、共に誉田和気命を祭神としているが「誉田」は「秦」が訛ったものといわれ、また「八幡《やはた》」の幡も秦からきていることはすでに触れたとおりである。

さらに与謝野町にも秦氏が祀った板列《いたなみ》八幡神社があるが、天橋立全体を見わたせるビュースポットとして古来知られてきた。このように、天橋立を中心に若狭湾をぐるりと囲む地域全体に、秦氏の足跡が見出せることになる。

『丹哥府志』によれば、新井崎神社から見て春分・秋分の日の出の方位に位置する冠島から遷座したという大引神社の神は、金色の鮭に乗り、左に蚕を抱え、右手に五穀の種を持っていたという。

秦氏について『日本書紀』他さまざまな史料はみな等しく、日本に養蚕と農耕、灌漑の技術をもたらしたと記す。つまり冠島の神は秦氏にたとえられ、冠島と一対の新井崎神社の祭神・徐福と重ね合わされて捉えられたふしがあるのだ。

丹後に上陸した秦氏は、由良川下流の「八田」の地から徐々に由良川をのぼり、丹波、園部《そのべ》、太秦へと南下したことが、その痕跡から濃厚であるといわれる。そして、農耕に適した京都盆地に定住し、氏神の松尾大社や木嶋神社（蚕《かいこ》の社《やしろ》）、氏寺の広隆寺などを建てたのだろう。

機織の地・加悦

天橋立に接して加悦の地がある。二〇〇六年までは加悦町と呼ばれたが、現在は与謝野町と改名されている。丹後は古墳の宝庫として知られ、約五〇〇〇基近くもあるとされるが、中でも与謝野町立古墳公園は、六〇〇基以上の古墳が集まる地としてつとに有名だ。

公園の中心的存在が八基からなる蛭子山《えびすやま》古墳群で国の史跡に指定される。その中で一号墳は四世紀後半に造られた丹後三大古墳の一つで一四五メートルの巨大な前方後円墳。その東に築かれた二号墳は、四二メートル四方の「方墳」と呼ばれる四角い古墳で、朝鮮半島に多く、日本では珍しい。明らかに新羅の渡来系一族の墓であるとみてよい。

また一号墳にしても、日本に数多い前方後円墳ではあるものの、内部から大型舟形石棺と舳載鏡である内行花文鏡が出土し、渡来系海人族の墓であるとみられる。しかもその巨大さから、丹後の豪族の首長墓であったと考えられる。

いっぽう蛭子山古墳群と谷を隔てた丘陵にも五基からなる作山《つくりやま》古墳群があり、蛭子山古墳群と同じく四世紀後半頃に造られたとみられ、国の史跡に指定される。こちらも三号墳が方墳であり、新羅系の一族の墓とされる。

どちらも大量の鉄製品が出土し、渡来系の技術力をうかがわせる。公園内の古墳ではないが日本海側で最古の前方後円墳が加悦にある。これが「白米《しらげ》山古墳」で「白米」は新羅が訛ったものといわれる。

それでは、この地を領した新羅系豪族とはいったいどんな一族だったのだろうか。

そのヒントは地名にある。

加悦という地名は、朝鮮半島にあった国、「伽耶」であるという。新羅や伽耶は古く辰韓＝秦韓と呼ばれた地で秦の遺民が住みついたという伝承をもつ。

加悦は現在、丹後ちりめんの郷として知られるが、ちりめんとは養蚕でとれる絹のことである。前に詳しく述べたとおり、秦氏は養蚕を得意とし、各地に広めたことで知られ、機織物の「はた」は秦氏からきていることと一致する。

すなわち、この加悦の地を治めた新羅系豪族は、秦氏であったとみてよいだろう。

秦氏の氏神として松尾大社が有名だが、もう一つ、伏見稲荷大社を挙げることができる。『日本書紀』によれば、秦大津父が京都・伏見の地を領し、その子伊呂巨《いろく》が七一一年に社を築いたという。

加悦の町は、丹後ちりめんを運んだことから通称「ちりめん街道」と呼ばれる道沿いに中心街を形成しているが、この旧街道沿いに点々と稲荷神社がつかず離れず建てられていることはあまり知られていない。これらはすべて古代において伏見稲荷大社を勧請したものといわれ、秦氏との結びつきを今にとどめているのである。

真名井神社と籠神社と秦氏

前に触れたとおり、天橋立を参道とするのが籠神社であり、元伊勢とも呼ばれる。社伝によれば、元々奥宮の真名井《まない》神社に祀られていた「豊受大神」を七一九年、現在地へ遷して「彦火明命」と改名したものという。

『神道五部書』によれば、今日伊勢神宮内宮に祀られる天照大神は、四年間この真名井神社にあり、その後伊勢へ移り、のちに豊受大神も伊勢の外宮へ移ったという。

真名井神社には本殿はなく、拝殿のうしろに二つの磐座《いわくら》があるが、これら二つが神の座所であったといわれる。

興味深いのは、籠神社本殿が伊勢神宮本殿以外にはいっさい見ることができない共通性をもつ点だろう。まず高欄《こうらん》（手すり）上の五色の座玉《すえだま》。次に妻飾りの鏡形木。そして一〇本に及ぶ棟上の鰹木《かつおぎ》。鰹木の本数は社格を表わし、籠神社は伊勢神宮と同じ最上の社格をもつ。

ご神体がもとあった真名井神社に接するように、そのご神体山である天香語山から真名井川が流れる。「籠神社」の籠の意味ともいわれる。この天香語山山頂は天橋立を何ものにも遮られることなく見られるビュースポットであることも偶然ではないだろう。

籠神社の祭神・彦火明命について『勘注系図』によれば、「丹後の国の伊玄奈子嶽《いさなごだけ》に降りた。そして五穀や桑蚕などの種をもたらし、真名井を掘り、その水で水田陸田を開発した。これを天照大神はご覧になって大そう喜ばれ、以来、この地を『田庭』と呼ぶようになった。田庭が丹波になったのである」とされる。

また同系図には「天祖《あまつみおや》が二種類の新宝、すなわち息津鏡《おきつかがみ》と辺津鏡《へつかがみ》（中略）を火明命に授け、（中略）この神宝を奉じて、速《すみや》かに国王を造成せよ、と命ぜられた。火明命は命を受け丹波国の凡海息津《おぼしあまおきつ》嶋に降臨された」とある。

この島は籠神社東の海上二〇キロメートルにある冠島と沓島のことで籠神社の海の奥宮である。また、息津鏡、辺津鏡というのも、現在神宝として伝わっており、出土品以外では日本最古であり、これらの記述は信憑《しんぴょう》性が高いとみられる。

それでは、祭神である彦火明命とはいったい誰のことだろうか。『新撰姓氏録』によると、松尾大社を創建した秦忌寸は、饒速日命の孫であるという。また山口正雄氏（『丹後の古代史―焼畑から稲作へ』）によると饒速日命は三千年前に渡来、真名井神社に老人《おいと》神として祀られたものを七一九年に彦火明命に改名したものとする。すなわち彦火明命は秦氏の祖先だというのだ。

現在、彦火明命の末裔として籠神社の神職をつとめるのが海部氏だが、海部氏の祖・建田背命を祭神とする矢田神社が近くに建つ。また矢田八幡神社も近くにあるが、八幡は秦氏が広めた神であり、矢田は秦からきていることは繰り返し述べてきたとおりである。

前述の『勘注系図』にも五穀や桑蚕をもたらし、丹波の水田開発をしたのが彦火明命であるとされ、土木と桑蚕に特に秀でた秦氏の業績そのものである。

天照大神が真名井神社へ遷座される前にあった場所が笠縫邑《かさぬいむら》といわれるが、現在の笠縫神社が有力視され、他にも檜原《ひのはら》神社、多《おお》神社、穴師坐大兵主《あなしいますおおひょうず》神社という説がある。このうち、笠縫神社は秦氏の氏寺の一つ秦楽寺《じんらくじ》の境内にあり、他の諸説もすべて秦氏となじみが深い。

真名井の水というのも、単に丹後に限ったものではなく、京都府亀岡市の出雲大神宮にも、天孫降臨の地として知られる宮崎県高千穂にもあって、これらすべて秦氏による治水の足跡であるといわれる。

いっぽう天橋立には、州浜の途中に天橋立神社があるが、その境内に「磯清水」がある。四面海中にもかかわらず、塩分を含まない真水が湧き続けている。日本の名水百選に選ばれるほどであったが、一九九五年に心ない者によって油が投げ入れられるという事件が起きた。

しかし八月の大雨の際、真水が噴き出し、洗い流すことに成功したという。この泉は人工的なものともいわれ、だとするとかなり高度な治水技術をもった人々の手になるという。

丹後の地は、天橋立を中心に秦一族の治水技術が、点々と見え隠れしているといえないだろうか。

竹野《たかの》神社《じんじゃ》とかぐや姫

丹後には羽衣伝説、あるいはそれを脚色したかぐや姫伝説（『竹取物語』）がある。その中心となるのが、古代丹後王国の中枢があったとされる竹野神社である。『延喜式』に名が載る古社で、社格は「大社」という最高位。祭神は伊勢神宮と同じく天照大神。摂社に日子坐王宮や竹野《たかの》媛命《ひめのみこと》などが祀られるが、日子坐王はすでに詳しく観

竹野神社の由来はかぐや姫伝説とぴたりと符合する

察したように、聖徳太子一族によるこの地の征服に関わった人物である。そしてかぐや姫伝説に関わる人物こそが竹野媛命なのだ。

『古事記』『日本書紀』によれば、竹野媛命は丹後を領した丹波《たには》大県主《おほあがたぬし》由碁理《ゆごり》の娘で、開化天皇の妃になったという。この王妃が天照大神を祀ったのが竹野神社の起こりといわれる。

ちなみに『古事記』には、竹野媛命の子が比古由牟須美命《ひこゆむすみのみこと》で、孫が大筒木垂根王《おほつつきたりねのみこ》と讃岐《さぬき》垂根王《たりねのみこ》と述べられる。そして大筒木垂根王の娘こそが、迦具夜比売命《かぐやひめのみこと》である。

これら一連の人名が『竹取物語』に一致していることは、よく知られる。迦具夜比売命は主人公そのものずばり。竹野や大筒は竹を示す。「かぐや姫」伝説に出てくる養父は「讃岐の翁」である。

おそらく、これらの符合は『竹取物語』というフィクションが、事実を記録した『丹後風土記』の「羽衣伝説」をもとに記されたことを如実に示しているのだろう。

この地を征服した日子坐王の子が丹後の領主・丹波比古多多須美知能宇斯王《たにはのひこたたすみちのうしのみこ》で、その娘氷羽州比売《ひばすひめ》は垂仁天皇の皇后となっている。そして、迦具夜比売命も『日本書紀』によれば垂仁天皇の妃になったという。

このように丹後の地から数多くの皇妃を出した背景には、前述のとおり日子坐王の征服後の融和策であったといってよい。血縁関係をもつことによって、大和朝廷へ容易に服従させることができるからである。『竹取物語』の悲しいストーリーは、まさにそうした悲劇を物語っているのではないだろうか。

ちなみに聖徳太子一族が丹後と深く関わるのも、皇族である太子一族と血縁関係になることで融和、服従するのが目的であったと思われる。竹野神社の摂社・斎宮《いつきのみや》神社には竹野媛が祀られているわけだが、その名の起こりは、太子の弟・麻呂子王の妹・酢香手皇女《すかてのみこ》にあり、伊勢神宮の斎王だったことにちなむという。

毎年十月十日に竹野神社の礼祭で行なわれる民俗芸能が「テンキテンキ」で、京都府登録文化財に指定されている。六人の子供がテンキテンキと歌い踊る実に奇妙な行事である。

テンキとは「転期」あるいは「転気」のことで運気の変わる危険な時期を示すのだろう。

テンキテンキの十月十日は日本では忌日を指す。日本では奇数を吉、偶数を不吉とし一月一日（元日）、三月三日（桃の節句）、五月五日（端午の節句）、七月七日（七夕）、九月九日（菊の節句）として節句として祝う日はすべて奇数である。

それに対し、二月二日（節分）、四月四日（掃墓節＝墓を掃き清める日）、六月六日（芒種＝種まき）、八月八日（立秋＝夏至と秋分の中間）と偶数日はすべて陰から陽へ転ずる不安定な時期として気を引きしめる忌日とされてきた。

「テンキテンキ」が行なわれる際、麻呂子王が鬼を封じたという立岩のそばのお旅所に三基の神輿《みこし》が渡御《とぎょ》する。立岩は盤座であり、宿った鬼の鎮魂を意図するのだろう。同様にテンキテンキの六人の子供というのも、鬼の鎮魂を意図しているのではないだろうか。仏教では人は死ぬと六道へ行くという。その入口には六地蔵と呼ばれる仏がいて、成仏を手伝うといわれる。六人の子供は、鬼の成仏を祈る地蔵菩薩に見立てられているのではないだろうか。

なお、この羽衣伝説について、竹野神社近くの天女を祀ったという乙女神社では「天女は農業、養蚕、機織り、酒造りが上手」とされ、「七月七日に会いましょう」と夫に言って天女になったことになっている。

ここでも農業、養蚕、機織り、酒造りを得意とした秦氏の影が再びちらつくのだ。七月七日を「七夕《たなばた》」というがこのバタこそ「秦」なのである。

この乙女神社は「磯砂山《いさなご》」の麓にあり、この名は天橋立を昇り降りしたイザナギを表わし、天女の住むという天の川に地上の天橋立が一対の存在として対応されたものと思われる。

竹取物語では、かぐや姫は月へ行ったとされるが、月神・月読命を祀る日本最古の月読神社は、秦氏の氏神の京都・松尾大社の近くに、秦氏を神職として祀られている。これは秦氏の先祖を弓月君・融通王とするからであり、竹取物語の月へ帰るという話は、弓月国という故郷に帰りたいという秦氏の物語なのである。

4　大仏鋳造と浦島伝説

お水送りとお水取り

天橋立の面する若狭湾を代表する寺院に、若狭神宮寺がある。ここでは毎年三月欠かさず盛大に「お水送り」の儀式が行なわれる。

この神宮寺には「遠敷《おにゅう》大明神」が祀られており、付近一帯の地名も遠敷である。寺院に神を祀るというと、一見奇妙だが、これは神仏が一体となった神仏習合による「神宮寺」であるからにほかならない。

本尊は千手十一面観音であり、東大寺の最初の管主・良弁《ろうべん》の出身地である。東大寺では同様に毎年三月欠かさず「お水取り」（呪禁作法）の儀式が行なわれる。お水取りは第二次大戦のさなかでも行なわれ続けたという。

これは東大寺二月堂の本尊・十一面観音に神宮寺から送られた若狭井《わかさい》の水をかけ

て、ただひたすら懺悔《ざんげ》する「悔過供養《けか》」である。このお水取りは奈良の各寺院で春に行なわれる鬼追式である「修二会」の一種で、鎮魂・浄化の儀式である。

ところで「お水」とは何か。そのヒントが「遠敷」の名にある。「丹《にゅう》」とは丹砂からとれる水銀のことで、「朱《しゅ》」（アマルガム）とも呼ばれ、古来その強い殺菌力からミイラ造りや建物の耐久性をあげる塗料として用いられた。神社などが朱色に塗られるのはそのためである。

丹を遺体に施すと腐らずミイラとなることから、いつしか不老不死の薬とされ、皇族が不老不死を願って飲んだり僧侶が断食して亡くなる「即身成仏」などに珍重されるようになったが、本来は劇薬で、わずか二五グラムで死に至るという。

東大寺二月堂のお水取りの中心が「達陀」（脱丹）の行法であり、その字のとおり、水銀を取り除くことを意味する。つまり「お水」とは水銀のことであり、若狭からこれを送り、東大寺で受け取ることになる。

二月堂では東北・鬼門に建つ「遠敷神社」の「閼伽井屋《あかいや》」（重要文化財）から水を汲むが、この「あか」とは朱色を指し、いいかえれば水銀窟である。

それでは若狭井を送る遠敷はどうかといえば、朱を含んだ赤い地層が露出し、かつては丹砂が大量にとれる水銀発掘地帯であった。

それではなぜ、毎年若狭から水銀を送り、東大寺で受け取るという儀式を行なう必要があったのだろうか。これはあの東大寺大仏創建に関する、ある事件を発端としているのだ。

大仏鋳造と水銀中毒

東大寺を創建したのは聖武天皇と光明皇后夫婦である。七四〇年、天皇の「朕も造り奉らん」という詔《みことのり》から、大仏を本尊として創建された。最初の住職が若狭遠敷出身の良弁である。史料は、「東大寺造って人民辛苦す」と記す。

大仏創建はなかなか進まず、完成したのは詔の三〇年後である。なぜならその鋳造に何度も失敗し、火災が頻発したからだという。

大仏とは盧遮那仏《るしやなぶつ》のことで、サンスクリット語でピルシャナ（太陽）を表わし、実際、平城京の配置をみても、四角いプランを変形してまでも、創建者、聖武・光明夫婦ゆかりの遺構の真東に東大寺大仏が祀られていることがわかる。すなわち西から東へ次に挙げる遺構が並び、その真東の太陽の昇る方位にビルシャナ仏が創建されたのである。

称徳天皇陵（聖武・光明夫婦の娘の墓）
西大寺（称徳天皇創建）
大内裏（聖武天皇の住居）
聖武天皇陵
光明皇后陵
春日大社（光明皇后の出身である藤原氏の氏神）
興福寺（藤原氏の氏寺）
東大寺大仏殿

こうした太陽＝盧遮那仏は、その名のとおり光り輝かなければならない。よって金メッキを施して金銅仏として鋳造した。金メッキをしなければ盧遮那仏ではない。ところがここで、とんでもない悲劇が起こった。金メッキによる水銀汚染である。

金メッキとは金を水銀に溶かして塗り、水銀を蒸発させて施される。すなわち「達《だっ》陀《たん》」（脱丹）するのである。大仏創建では、これが約五年間続けられた。史料によれば、大仏には約五〇トンもの水銀が使われたことになる。

これは現在までに日本で使われた蛍光灯の水銀の一〇倍にあたる。当時の日本の人口約五〇〇万人のうちの二〇〇万人の致死量にあたる。

平城京は七一〇年に遷都されたが、七七四年にはすでに使われなくなり、七九四年には平安京に遷都した。わずか六四年で捨てられたことになる。これについて白須賀公平氏、田中八郎氏など多くの研究者が、水銀汚染で平城京が捨てられたと指摘する。

日経新聞二〇〇四年五月七日の紙面においても「平城京　水銀が命絶つ」と取り上げられた。仏像史の第一人者で元仏教大学大学院教授杉山次郎氏も『大仏再興』にお

平城京の東西線の図

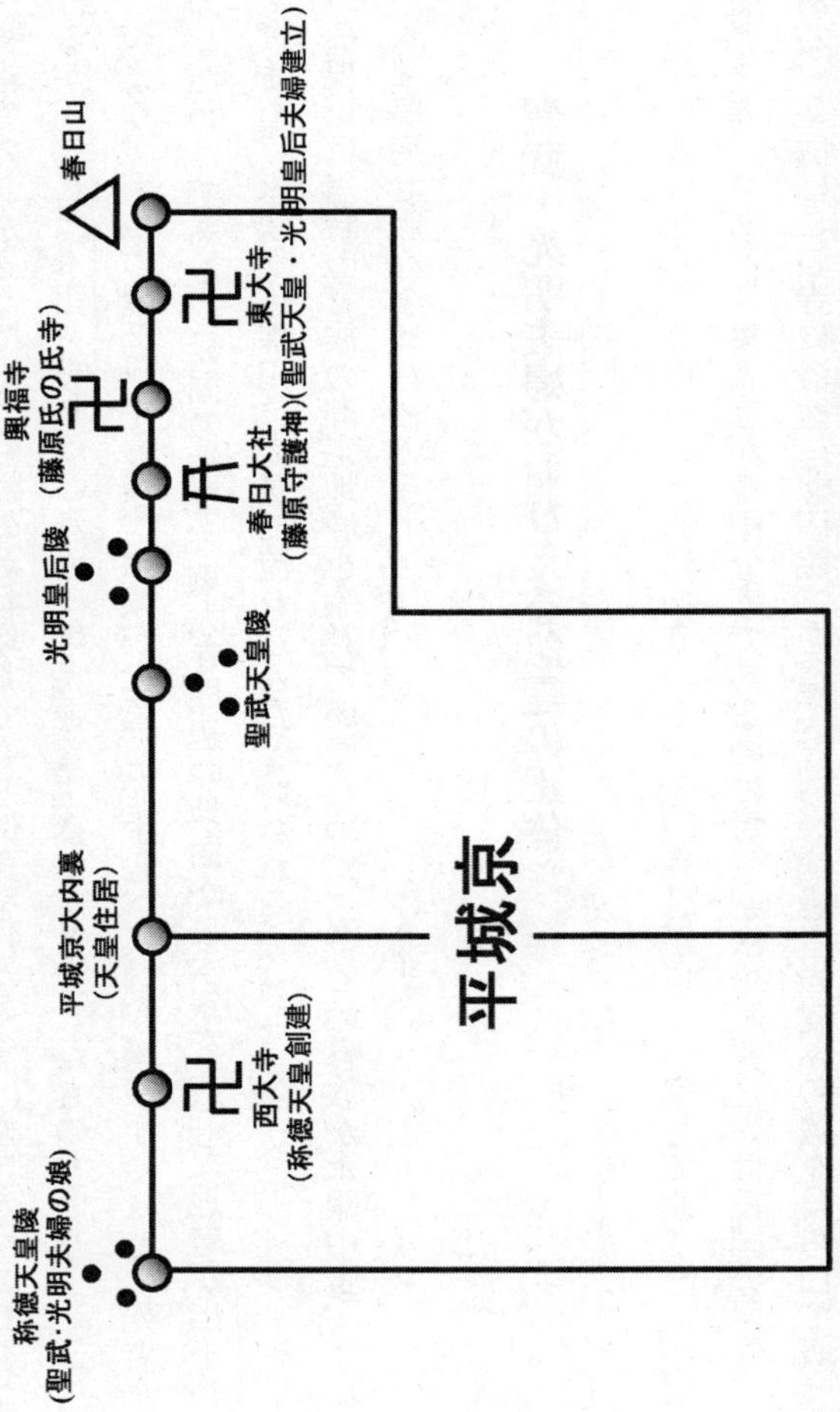
春日山
東大寺
（聖武天皇・光明皇后夫婦建立）
興福寺
（藤原氏の氏寺）
春日大社
（藤原守護神）
光明皇后陵
聖武天皇陵
平城京大内裏
（天皇住居）
西大寺
（称徳天皇創建）
称徳天皇陵
（聖武・光明夫婦の娘）
平城京

いて、『東大寺大仏記』を引いて、若草山に木が生えなかったことを指摘している。

神宮寺のお水送りでも二月堂のお水取りでも、儀式を行なう僧は独特のマスクをつけるが、これは水銀を吸わないために東大寺管主良弁が考案したものという。

つまり、大仏の金メッキの際、水銀が大量に発生し、人口が激減するほどの死者を出したわけである。発掘の結果、東大寺周辺の地面から水銀を含んだ地層が出土した。また、水銀が佐保川に大量に流れ込んだといわれる。

佐保川は当時の貴族の邸宅地域を流れていたために、多くの貴族が水銀中毒、すなわち水俣病で亡くなったという。

聖武・光明夫婦がおびえる怨霊の正体

水銀が流れ込んだ佐保川の下流にあるのが、光明皇后が自ら出家して建てた「法華滅罪之寺」である。東大寺が総国分寺であるのに対し、法華滅罪之寺は総国分尼寺である。皇后はこの寺に浴室（悲田院）を建て、らい病患者の皮ふの膿を自ら口で吸ったという伝承をもつ。

ところで、正式名の法華滅罪之寺の「滅罪」とは、いったいどんな罪を滅したいというのだろうか。

東大寺の有名な正倉院（国宝）は、光明皇后が七五六年、夫・聖武天皇の七七忌《しちしちき》（死後四九日目）に約六〇種の薬を大仏へ献上して創建されたものである。それらの薬の多くは、大黄《だいおう》、桂心《けいしん》、蜜蠟《みつろう》、犀角器《さいかくき》、鐘乳床《しようにゆうしよう》、龍骨《りゆうこつ》など水銀の解毒作用のある薬であったことが明らかとなっている。

前述の法華滅罪之寺の浴室というのも、沐浴発汗によって、水銀を体外に出す効果がある。そもそも法華滅罪之寺の建てられた場所は、最終的に大量の水銀が流れ込んだ大汚染地帯である。しかも、この地は、光明皇后の実家、父・藤原不比等《ふじわらのふひと》の邸宅跡であり、皇后はここで夫・聖武天皇との間にできた唯一の男子・基皇子《もといのみこ》を出産したのだ。

藤原氏の血を引く基皇子は、すぐさま次の天皇になることを約束された皇太子に立てられたが、一歳を待つことなくこの地で亡くなった。皇后は二度と子供を産むことはなかった。

こうした光明皇后にとって絶望の地に、しかも最も多くの水銀中毒患者を出した汚染地帯に、なぜ皇后は自ら出家して「滅罪之寺」を建てなければならなかったのか。

この頃、夫・聖武天皇の様子もおかしい。なにかに怯えて逃げ回るように、遷都を繰り返した。七四〇年には平城京から恭仁《くに》京へ、七四二年には紫香楽京へ、七四四年には難波《なにわ》京へ、そして再び平城京へ。都を造営するたびに国は疲弊し、財政は破綻していった。

また天皇夫婦は、まるで仏にすがりつくように次々と寺院を造営した。興福寺東金堂（七二六年）、金鐘寺《こんしゅじ》（七二八年）、興福寺五重塔（七三〇年）、興福寺西金堂（七三四年）、新薬師寺（七四七年）、東大寺西塔（七五三年）、法華滅罪之寺（七四九年）など。

七四七年、聖武天皇は眼病となり、目を大きく造った薬師如来を本尊とする新薬師寺が建てられた。おそらくこの眼病もメチル水銀の中毒によるものだろう。本尊の周囲は、薬師如来が化身して病気のもととなる怨霊と戦うための、恐ろしい形相をした十二神将がぐるりと取り巻いて守護しているのだ。

聖武・光明夫婦が怯えたものとは、実は長屋王《ながやおう》の祟《たた》りである。長屋王は、基皇子を皇太子に立てる前におそらく皇太子であった人物である。七二九年、光明皇后の兄弟で、聖武天皇に代わって政治の実権を握っていた藤原四兄弟が無実の罪で死に追いやったものとみられる。

ところが長屋王の死後、藤原四兄弟はそろって天然痘で没する。さらに長屋王を蹴落として皇太子にした基皇子もあっけなく一歳を待たずに死んでしまった。人々は長屋王の祟りを噂しあったという。

平城京の発掘の結果、大内裏近くの一等地に、邸宅としては平城京で最も大きい長屋王の邸宅跡が発見された。中から「長屋皇宮」と書かれた木簡が出土し、「皇宮」とは皇居を指すことから、皇太子であった可能性が高いといわれる。

長屋王の祟りに怯えた聖武・光明夫婦は七二八年、東大寺大仏創建を決意する。その敷地は、なんとあの基皇子の菩提寺・金鐘寺の地なのだ。しかも大仏建立担当は、それまで人民をたぶらかす在野の遊行僧として指名手配された「小僧」行基《ぎょうき》である。

行基は日本初の社会慈善事業を行なった僧で、人々の救済に一生を捧げた人物であり、約二万人の信者がいたという。大寺院の僧のねたみから朝敵とされていたが、盧遮那仏造営は数多くの寄付による勧請によって造られなければご利益がないと知ると、天皇は行基を大仏造宮の責任者に大抜擢したのである。ここに藁《わら》をもつかみたい聖武天皇の苦悩がみてとれるのだ。

しかし、大仏造営はなかなか進まない。それどころか、金メッキを施《ほどこ》そうとしたら、大量の死者が出た。すべて長屋王の祟りであると考えたに違いない。ところが実際には祟りの正体は水銀中毒だったのである。

お水取りは水銀中毒死者の供養

お水取りの儀式が行なわれる二月堂の配置を調べると、正確に東大寺大仏殿の真東に位置する。しかも二月堂は丘の斜面に建ち、懸《かけ》造りと呼ばれる舞台をもっているが、真西に張り出されている。春分・秋分、すなわちお彼岸の中日の太陽が、ピルシャナ仏＝太陽仏へ没するのを拝めるしくみをもつ。前述の聖武天皇・光明皇后夫婦ゆかりの遺構が東西線配置をもち、その真西に大仏が位置していることからみて、これも偶然ではなく、意図的なしくみとみてよいだろう。

そして、二月堂のお水取りのピークが建物に火を放ち水で消すという、実に奇妙な三月十二日の籠松明《かごたいまつ》である。建物を火で浄化する儀式といわれるが、これほど危険な行法は他に例がない。実際、江戸時代の一六六七年、籠松明が火元となって全焼しており、本尊（二体）の十一面観音も絶対秘仏となっている。

そこまでして危険な儀式にこだわるのは、おそらく大仏鋳造失敗の火災を再現したいからではないだろうか。

その後三月十二日から十四日に達陀（脱丹）の儀式を行ない、若狭井の水を本尊に捧げるのだ。

その前の三月一日から十四日までは、前半七日が大観音、後半七日が小観音を本尊として修二会が催される。なぜ七日なのかといえば「七」は聖なる浄化の数字であるからにほかならない。西洋でもラッキーセブンといって七を重視する。日本においても死者の冥界での行き先が決まるという四十九日は七×七日、悪鬼と戦う薬師如来は七仏薬師なのである。前述の正倉院への光明皇后の水銀解毒薬の献上も、聖武天皇の七七忌（四十九日）に行なわれたことを思い出してほしい。

良弁が大仏の金メッキのために出身地から取り寄せた水銀を若狭から送る。そして水銀中毒死者が大量に出た東大寺で水銀を受け取り、大仏鋳造失敗の火災を再現し、聖なる「七」を用いて懇《ねんご》ろに鎮魂し続けているわけである。

それだけではない。お水送りを行なう神宮寺も、お水取りの二月堂も十一面観音が本尊である。

実は両者を結ぶのが「観音の道」である。

これら二つの寺院の間に三、四キロごとに観音の古仏が点々と続く霊場が並んでいるのである。向源寺《こうげんじ》や充満寺、園城寺《おんじようじ》（三井寺）、聖衆来迎寺《しようじようらいごうじ》、金剛輪寺、盛安寺《さいあんじ》、鶏足寺《けいそくじ》（石山寺）……。向源寺の十一面観音は、あの光明皇后の建てた法華滅罪之寺の十一面観音と酷似しており、姉妹関係にあるという伝承をもつ。観音の道があることは従来、よく知られるが、その目的はこれまで明らかにされたことはなかっ

水銀を若狭から奈良へ運んだ「観音の道」

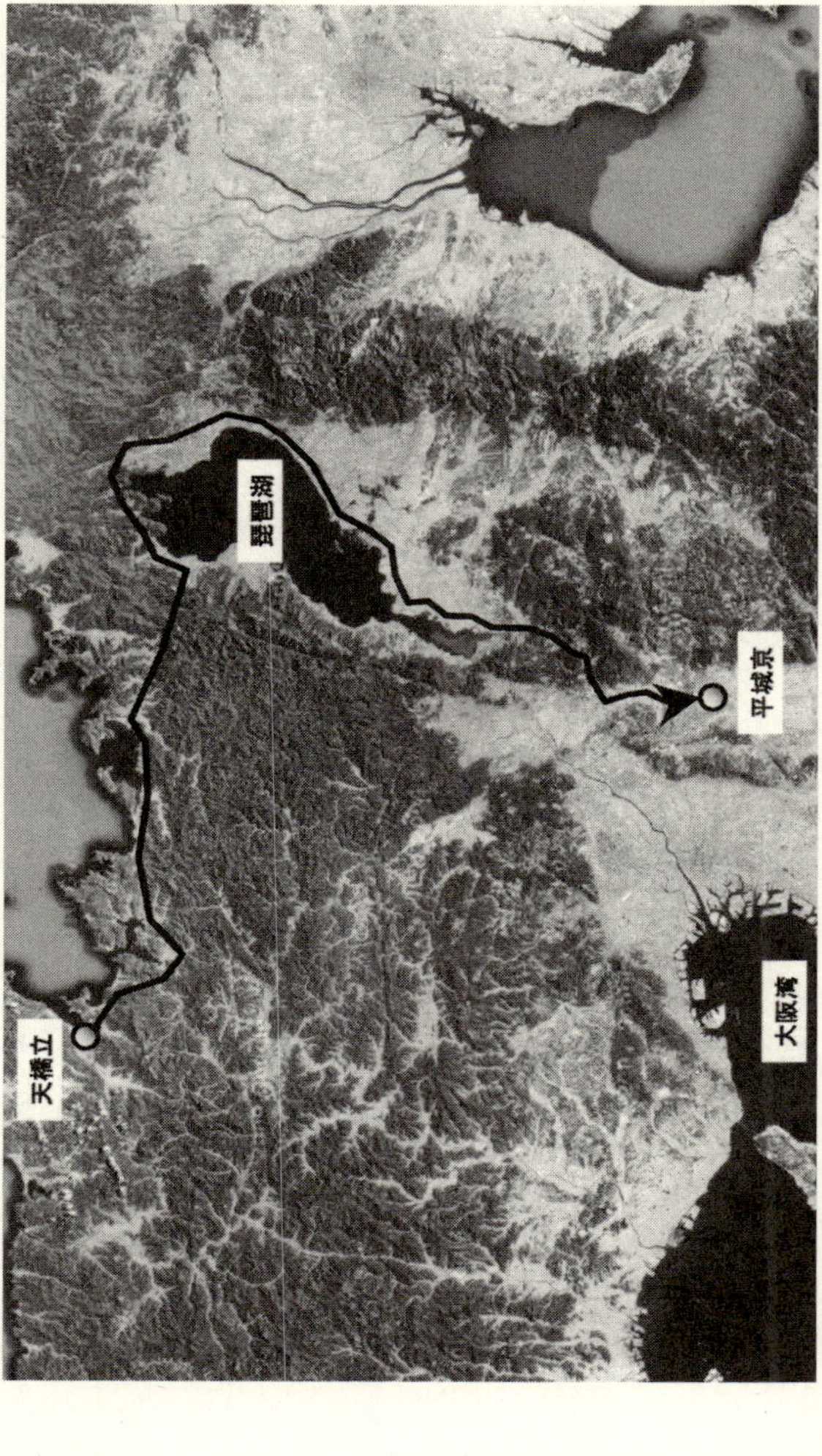

た。

観音菩薩は勢至菩薩とともに阿弥陀如来の脇侍として、人をあの世へ導き成仏させる手伝いをする。観音には四種功徳と呼ばれるものがある。

1、人の死の瞬間、阿弥陀如来と現われる。

2、地獄・餓鬼・畜生道に生まれ変わらないようにする。

3、早死にさせない。

4、極楽浄土に成仏させる。

こうした願いの込められた観音の道が「お水送り」と「お水取り」の二つを結ぶわけである。それらの観音像の多くが、大仏創建担当者、行基作の伝承をもつものと決して無関係ではない。観音の持物は水瓶であり、功徳水を入れるといわれるが、これも水銀に見立てた水なのではないだろうか。

若狭の水銀発掘地と東大寺の水銀汚染地が観音の道によって結ばれるのは、水銀中毒死者への成仏の祈りともとれるのだ。

東大寺三月堂と良弁

すでに述べたように、東大寺は聖武・光明夫婦にできた唯一の男子・基皇子の菩提寺・金鐘寺を前身としている。そして金鐘寺時代の本堂こそが今日の法華堂《ほっけどう》（三月堂）であるといわれる。七三三年良弁が自ら創建したという。

三月堂の本尊は三・六メートルもある巨大な不空羂索観音《ふくうけんさくかんのん》で、手には悪鬼をとらえる網をもっている。不空羂索観音を説く経典『不空羂索神呪心経《じんじゆしんきょう》』には、悪鬼退散の呪術のための仏と述べられる。

この本尊は、宝冠など各所に宝石が多数用いられていることで知られ、正面の合掌した手のひらのすき間にも水晶がはさまっている。光り輝く放射状の光背といい、女性的な装飾といい、光明皇后自身がモデルではないかともいわれる。

注目すべきは、その背後へなんと後向きに安置される執金剛神立像だろう。金剛杵と呼ばれる悪鬼を倒すための武器をもち、口を開いて目をむき、恐ろしい形相で威嚇《いかく》している。

この像は秘仏で、なぜか良弁の命日・十二月十六日だけご開帳となる。しかも像高一七〇センチと等身大で、『日本霊異記』には良弁の化身であると記されている。はたして一歳を待たずして亡くなった基皇子の菩提寺の本尊が、なぜこのような恐ろしい像なのだろうか、普通なら菩提を弔い、成仏を祈るのだから、阿弥陀如来などが適当であろう。

やはりここにも、長屋王の祟りへの恐れ、怯えが表われているといえないだろうか。

多数の死者を出した理由は、祟りではなく水銀中毒であった。しかし科学が未発達であった時代、罪悪感から祟りを信じたに違いない。

数奇な死を遂げた基皇子の菩提寺は、大いなる母であり藤原氏の直系の末裔である光明皇后自身を象《かたど》った仏像が守らなければならない。しかしそれは、正面から攻めてくる悪鬼に対応するシステムに過ぎない。背後から忍びよる悪鬼にはどのように対抗

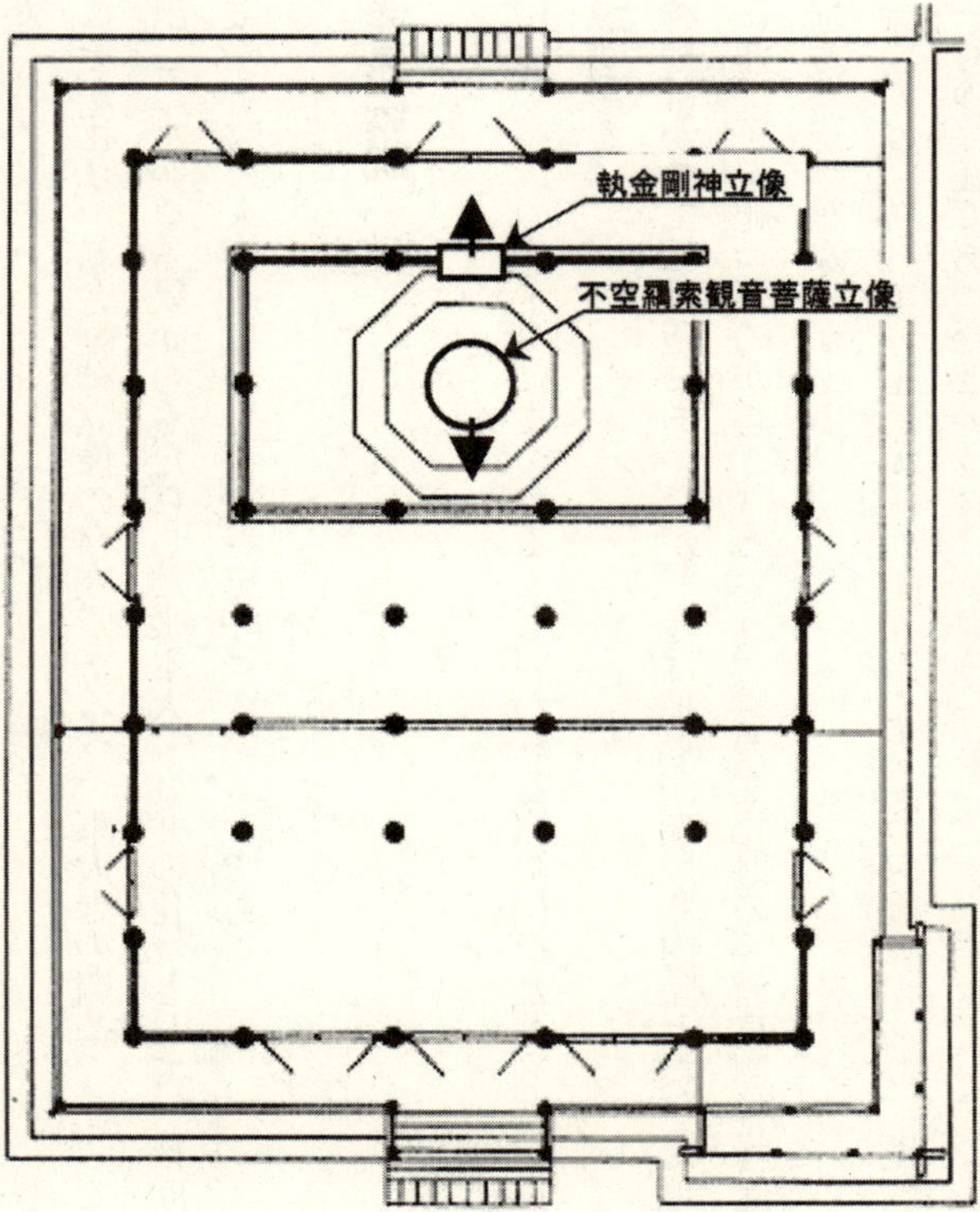

東大寺三月堂の仏像配置図

するのか。

これこそが秘仏・執金剛神立像の存在であろう。東大寺の開基、そしてあの大量の死者を出した水銀を若狭からもたらした張本人・良弁の化身として、後向きに安置され、背後から攻め入る悪鬼から菩提寺を守っているのである。

浦島伝説

丹後には、秦氏のルーツにまつわるともいわれる徐福伝説とともに、日本で最古の浦島伝説がある。

宇良《うら》神社はかつては浜辺にあったが、今は地形が変わり内陸となった地に建つ。八二五年に浦島子を祀ったのが起こりという。重要文化財の「浦島明神縁起」や、浦島が持ち帰った玉手箱などがある。

興味深いのは、神社前に聖徳太子が創建したという来迎寺《らいごうじ》があり、明治の神仏分離までは一対の存在であったという。

浦島太郎が持ち帰ったと伝わる玉手箱もある宇良神社

この宇良神社に伝わる伝承をもとに、奈良時代には『丹後国風土記』や『日本書紀』に載せられ、平安時代になって『浦島子伝』や『続浦島子伝』が著され、鎌倉後期には『元亨釈書《げんこうしやくしょ》』、室町時代には『お伽草子』に取り上げられて、浦島太郎が亀に連れられて竜宮城へ行くという話が作られたものとみられる。

古代における浦島の伝承は三つだけで、最も古いのが伊余部連馬養《いよべのむらじうまかい》が著した『浦嶋子伝』であり、七世紀末の成立とみられる。また馬養の歌を含めた『万葉集』の記述、さらに『浦嶋子伝』から取材したとみられる『丹後国風土記』逸文（七一七年）がある。

基本的にどの伝承も、丹後で嶋子が亀を釣って女に変身した亀比売《かめひめ》とともに水平線彼方の蓬来山《ほうらい》へ行ったというストーリーである。

興味深いのは『古事記』に丹後の三宅連《むらじ》の先祖・田道間守《たじまもり》が天皇の命により「常世国《とこよのくに》」に派遣され、不老不死の果実を持ち帰ったが、すでに天皇は亡くなっていたので自殺したという話が載っていることである。

同様の伝承は『日本書紀』にもあり、江戸時代の国学者・本居宣長《もとおりのりなが》は『古事記伝』

で、「常世国」とは「新羅国」であると論じている。

こうした話が『浦嶋子伝』に取り上げられ、のちに浦嶋伝説へと発展したといわれる。

それでは「シマコ」とは、いったい誰を指すのか。

かつて邪馬台国の支配下に日本が置かれていた頃、日本と海外の通交の要衝には「シマコ」と呼ばれる監視職が配されたという。

例えば九州・伊都国の副官は「泄謨觚《しまこ》」と呼ばれ、また双国の大宮も「兕馬觚《しまこ》」と呼ばれたという。

九州だけでなく、丹後も同様、特に朝鮮半島の玄関口として「シマコ」が配されたはずである。浦島伝承の「シマコ」というのも、丹後の外交を監視する官職を指しているのではないか。

『古事記』や『日本書紀』で天皇の命により、不老不死の果実を求めて常世国へ渡った人物・田道間守を、浦島伝承は「シマコ」としていることになる。

この田道間守について『古事記』は、日子坐王六世がその祖であると述べる。また

『先代旧事本紀』には、竹野君と同祖で日子坐王五世であると記される。すなわち、丹後を征服した日子坐王の末裔が「シマコ」の官職についていたことが明らかとなる。

そして、そのシマコが天皇の命により「常世国」から不老不死の果実を持ち帰ったが、すでに天皇は他界していたため自殺したものととれる。

それでは常世国とはどこか。本居宣長が新羅ではないかと論じたことはすでに述べた。丹後は亀島や冠島、沓島など常世信仰の中心地の一つである。また、秦氏を中心とした新羅からの渡来人の上陸地であったことは詳しく観察してきた。

日子坐王の子孫で「シマコ」であった田道間守について『古事記』は三宅連の先祖だと述べる。『新撰姓氏録』によれば「三宅連は新羅国の王子、天日桙《あまのひぼこ》の後なり」とあり、新羅との関連を示唆する。宣長が指摘するとおり、常世国とは新羅を意味しているのではないか。

丹後には宇良神社の他にも、島児《しまこ》神社や網野神社、西浦福島神社など「浦嶋子」を祀った社が多い。これらが建つ地域がシマコの子孫の領地であったとみてよいだろう。

はたして、外交を監視する官職が新羅に行った話が、後世なぜ夢幻的な伝説に脚色されていったのだろうか。おそらく、その背景には不老不死への憧れがあったであろう。

しかし、ただ単にそれだけではない。丹後の「丹」は水銀のことであり、このあたり一帯が水銀埋蔵地帯であったことはいうまでもない。そして水銀は不老不死の薬と考えられ、密かに権力者たちが珍重してきたのである。

こうした不老不死の秘薬を産する丹後の地に、浦島伝説ほどふさわしいものはない。

5 中臣氏と元伊勢伝承

「青」のつく地名と多氏

丹後における鬼退治伝説とは、すでに詳しく観察してきたように、日子坐王ならびに麻呂子王による土蜘蛛の征服であった。

この二つの鬼退治に共通するのは、青葉山と大江山の二山がその舞台となる点である。この二つの山には、いったいどのような関連があるのだろうか。

そもそも青葉山の「アオ」とは何を指すのか。青葉山は京都府と福井県の県境にあるが、これを東の福井側へ行くと「青」という地名と青海神社がある。また青戸入江、蒼島《あお》、小浜市青井と「アオ」が並んでいるのだ。

平安時代の『日本紀略』によれば、あの水銀埋蔵地帯である「遠敷《おにゅう》」郡に「阿遠《あお》郷」の名が見出せる。さらにさかのぼると平城京出土の木簡にも「敷群青郷川辺里

秦口　天平二年十一月」とあり、天平時代、すでに朝廷と関係があったことを示す。この他木簡の中には「若狭国遠敷郡青里戸主秦人麻呂戸秦人」などとあって「秦」の名があることから秦氏の関与がうかがわれる。

青海神社には池があり、由緒によれば忍海飯豊青皇女《おしみいいとよのあお》が禊ぎをしたという。つまり、青は「アオ」ではなく「オウ」あるいは「オオ」と読むのが正しいことがわかる。

いっぽう青葉山から西の京都側にたどっていくと、大浦半島、大波、大雲川（由良川）、凡海郷、大川神社と「オウ」「オオ」が続き、ついには大江山につながるのだ。

青海神社の祭神椎根津彦命は、奈良の多神社の祭神と同じであり、多神社の摂社には忍海飯豊青皇女が祀られている。すなわち「オウ」とは古代の豪族・多氏を指すことが明らかとなる。

「多」は「大」「太」「意富」「大生」「意宇」とさまざまに書かれ『新撰姓氏録』や『多神宮注進状』などによると別姓は「仲臣」あるいは「中臣」であったという。これは後の藤原氏である中臣氏と婚姻関係にあったことがわかる。

多氏＝中臣氏が仕掛けた秘密とは？

中臣氏が藤原氏となるのは、中臣鎌足《かまたり》からである。茨城県の鹿島神宮内に鎌足神社があり、出生地とされる。中臣とは神と人とをとりもつ意味であり、鹿島神宮の神職の家系である。

その祖先は「天児屋根命《あまこのやねのみこと》」であるといわれ、天照大神が天岩屋戸にこもった時に岩戸の前で祝詞《のりと》を唱えた神だとされる。もともと大和から鹿島へ神職として遣わされた中臣神聞勝命《かむききかつのみこと》を先祖とするという。

鹿島神宮の祭神は「武甕槌神《たけみかづちのかみ》」で本来常陸、多氏の氏神であったといわれる。この多氏の本拠地が鹿島神宮に近い潮来《いたこ》町の大生郷《おおのごう》であり大生神社が建つ。武甕槌神はこの社から移したものという。

このようにみてくると、多氏＝中臣氏という構造が成り立つ。それでは、丹後の青葉山から大江山へと続く多氏＝中臣氏の足跡は、いったい何を物語っているのだろうか。

大江山には、皇大神社が建ち、元伊勢と呼ばれる。籠神社も元伊勢と呼ばれるが、籠神社の参道である天橋立の軸線を南へ延ばすと大江山山頂を通過し、それが意図的な行為であることは、すでに触れたとおりである。

この皇大神社は、現在の伊勢神宮外宮がもとあった場所という。『日本書紀』によれば四八二年、伊勢神宮内宮の主祭神・天照大神が「丹波《たには》が懐かしい、豊受大神に会いたい」と言ったので、大江山元伊勢外宮の主祭神・豊受大神を伊勢神宮へ勧請したという。

それでは大江山から伊勢へ勧請したのは誰か。これこそが伊勢神宮の神職をつとめた中臣氏なのである。

本来、伊勢神宮の神職は代々度会《わたらい》氏がつとめてきた。しかし、中臣氏が徐々に度会氏にとってかわり、ついには中臣氏の世襲となり、独占されてしまうのである。

大江山元伊勢を伊勢神宮の外宮へ移したのも、その一環として度会氏の弱体化をはかったものともとれるのだ。

なお大江山元伊勢は三社に分かれる。まず元伊勢外宮豊受大神社。この社の神を伊勢神宮外宮として勧請したという。

次に元伊勢内宮皇大神社。伊勢神宮内宮と同じく天照大神を祀る。さらに天岩戸神社。天照大神が隠れたという天岩戸に比定される社。

その成り立ちは、日子坐王や麻呂子王が祀ったなど諸説があるが、伊勢神宮外宮へ豊受大神社の神を移したことだけは否定できない。

多氏＝中臣氏が丹後の地に仕掛けた青葉山と大江山の征服と祭祀は、後の中臣氏＝藤原氏の発展の発端の一つといってよい。

第二章　武将たちに愛された宮島

1　厳島神社とキリシタン

台風の通り道

厳島神社は瀬戸内海に浮かぶ宮島の入江の海上に建つ古社である。社伝によれば、五九三年、佐伯鞍職によって創建され、宗像三女神を祀ったという。

宮島は元来神の島として瀬戸内の漁師や船乗りに崇拝されてきた。『日本後紀』によれば八一一年、「伊都岐島神《いつきしまのかみ》」が名神大社として官幣にあずかったといい、これが史料上の初見である。

十二世紀には平家の崇敬を受けて発展、中でも平清盛は厳島神社を平家の守護神として位置づけ、今日の姿に近い寝殿造りの社殿が海上に造営された。しかし、宮島は台風の通過しやすい位置にあり、また瀬戸内が海上交通の要衝であることから戦禍にあうことが多く、次のとおり数回にわたって炎上、大破、老朽化のために造り替えられている。

一一六八（仁安三）年　造営
一二〇七（建永二）年　炎上
一二〇八（承元二）年　上棟
一二一五（建保三）年　遷宮
一二二三（貞応二）年　炎上
一二三六（嘉禎二）年　上棟
一二四一（仁治二）年　遷宮
一四五〇（宝徳二）年　社頭大破
一五七一（元亀二）年　造替

このため、現在の社殿は近世に入ってから造営されたことが明らかである。

現在の状況にほぼ整ったと思われる一五七一年の領主・毛利元就《もうりもとなり》、隆元《たかもと》らによる造替の際、社殿にどのような変更が加えられたかは不明であるが、現社殿を詳しく調べてみると、非常に興味深いことに気がつく。

以下、その点について観察してみたい。

柱の間隔

厳島神社本社の社殿について、これまでしばしば、その柱の間隔が非常に不規則であることが研究者によって指摘されてきた。しかし、その原因については、いまだに不明のままである。
そこで、修理報告書の柱間寸法の実測値をもとに、社殿の柱の間隔について考えてみたい。
まず、本社社殿と大鳥居を結ぶ軸線方向の柱間を調べると、拝殿から祓殿《はらいでん》に向かって順に、
ア＝4・818m

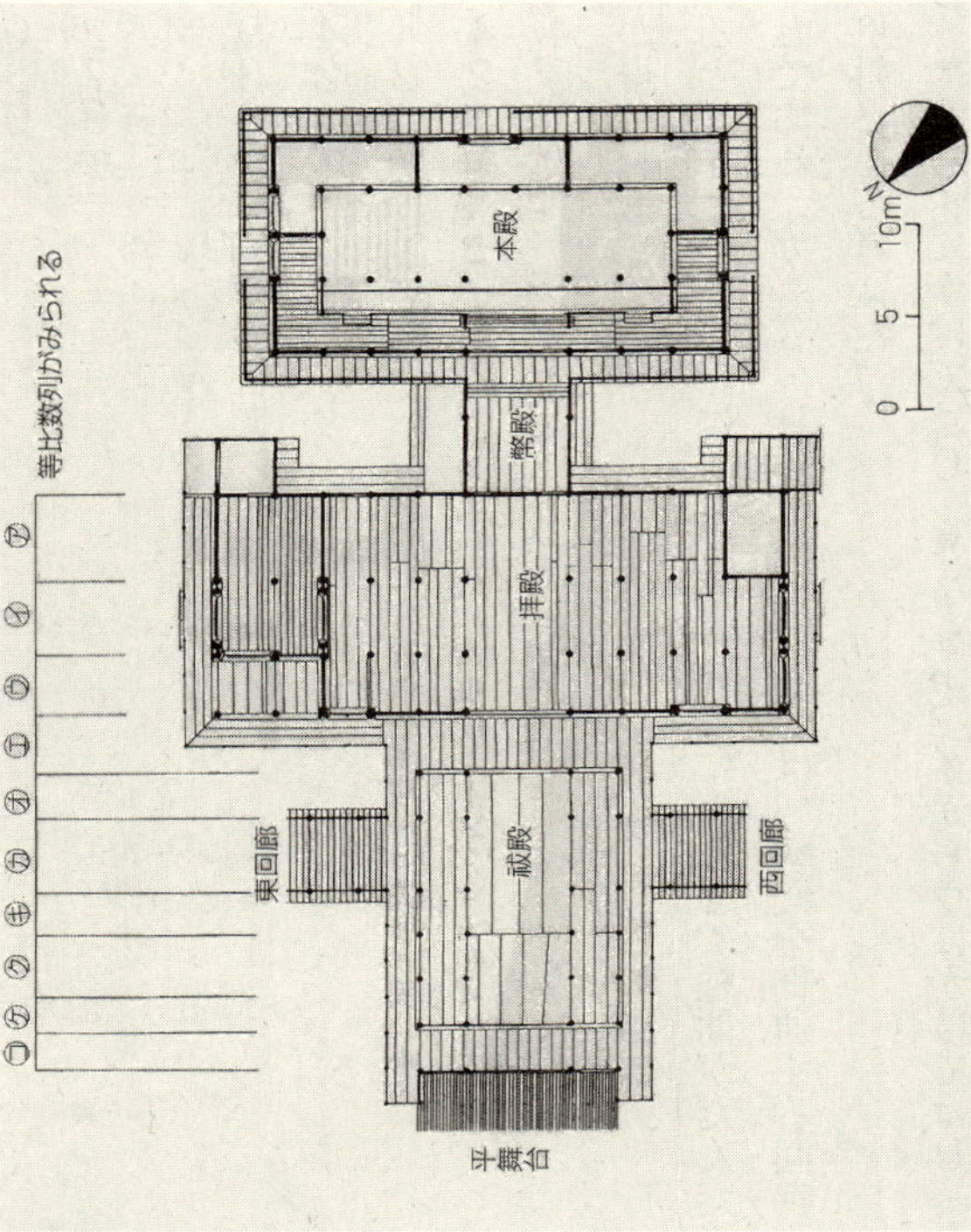

厳島神社本殿の柱の間隔

イ＝3・939m
ウ＝3・030m
エ＝3・273m
オ＝2・424m
カ＝3・939m（回廊の柱間）
キ＝2・424m
ク＝2・424m
ケ＝2・424m
コ＝2・485m
という数値が得られる。
これを見るとまず気がつくのは、拝殿から祓殿にかけて、柱間がだんだんに狭くなっていくことである（カ＝3・939mについては、祓殿を貫通する回廊の柱間であることから例外として考えた）。
すなわち、アからイにかけては0・879m、イからウにかけては0・909m、ウとエはほぼ等しいが、エからオにかけては０・８４９ｍ間柱が狭くなっていることがわかる。

ここで注目したいのは、ウ≒エ、オ＝キ＝ク＝ケ≒コであることから、ウとエを一つの項とし、それぞれの値を共存させ、オ、キ、ク、ケ、コについては、オ、キ、ク、ケの値を代表として考えると、驚くべきことに次に示すような数列を指摘することができる。

a_1＝４・８１８ｍ

a_2＝３・９３９ｍ

a_3＝３・０３０ｍ　３・２７３ｍ

a_4＝２・４２４ｍ

ここで、先に指摘したとおり、

a_4－a_3＝－０・８４９ｍ（84・９㎝＝３尺－２寸）

a_3－a_2＝－０・９０９ｍ（90・９㎝＝３尺）

a_2－a_1＝－０・８７９ｍ（87・９㎝＝３尺－１寸）

という値が出る。

従って、

$a_4 - a_3 \fallingdotseq a_3 - a_2 \fallingdotseq a_2 - a_1$

$\therefore a_{n+1} - a_n \fallingdotseq d$（ほぼ一定）

という等差数列を社殿の軸と並行した拝殿から祓殿にかけての柱間に指摘することができる。

すなわち、柱の間隔が拝殿から大鳥居に近づくにつれて、一定の法則でだんだん短くなっているのである。そしてその結果、拝殿から青い海に向かって朱色の大鳥居をアイポイントとして眺めると、距離感が実際より短く感じる。

つまり、ここに見事な遠近法の効果が巧妙に造り出されていることがわかるのだ。

もちろん、偶然こうなったとは考えにくい。かつて自著『日光東照宮 隠された真実 三人の天才が演出した絢爛たる謎』で日光東照宮本殿についても、同様に柱間が数列に従って減少し、結果的に遠近法の効果が巧みに造り出されていることを指摘したが、厳島神社本社についても、それとまったく同様のしくみを発見することができることに驚きを感じないわけにいかない。

高さの変化

次に本社社殿の断面図（163ページ）を見てみたい。

ここで注目したいのは、天井高の変化である。すなわち、拝殿から祓殿にかけて天井高がなだらかに低くなっており、結果的に先細りの空間が造り出されていることがわかる。

この天井高の変化も日光東照宮本殿と同様のしくみとなっており、遠近法の効果をさらに強調するものとなっている。

床板幅の減少

今度は祓殿の床に注目してみたい。

母屋においては、回廊部分の柱間3・939mを除いて、2・424mで軸線方向の柱間が一定しており、柱の間隔が減少する傾向はここではみられない。

しかし、床板を調べてみると、中央の柱間の板が拝殿側から大鳥居側にかけて四枚、五枚、十枚となっている。

すなわち、一枚一枚の板の幅が小さくなっていくのがわかり、その結果、ここにおいても遠近法の効果を見出すことができる。

本社の全体計画

さらに、同様の視点から本殿全体に着目してみたい。

本社社殿から舌先にかけての軸線部分の拝殿、祓殿、高舞台の空間の幅に注目すると、やはり先細りが指摘できるし、また平舞台から舌先にかけても、同様に先細りとなっていることがわかる。

すなわち、先に述べた社殿の高さの変化だけでなく、幅についても先細りとなって

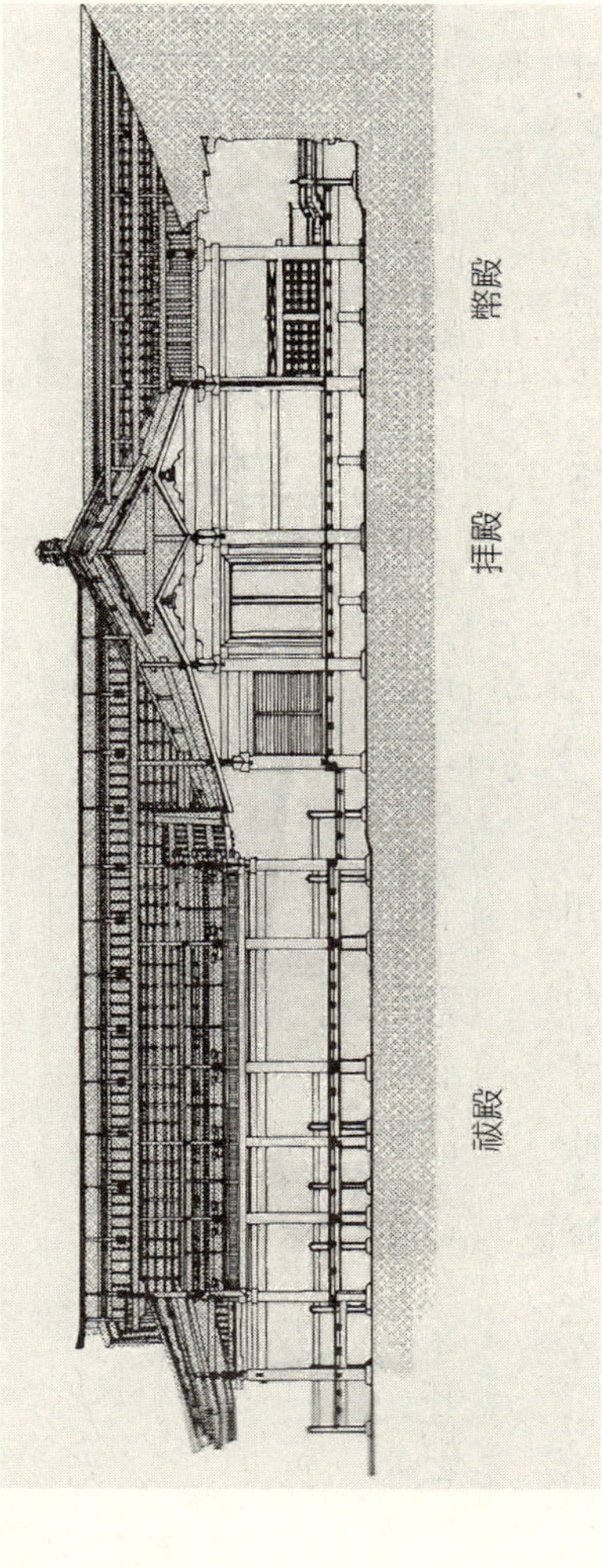

厳島神社本社社殿　断面図

いるのであり、その結果として遠近法の効果を助けるしくみとなっているのである。

空気遠近法

以上のような、主に形態的な遠近法の手法の数々の他、本社社殿には実に巧妙な光の演出がつくり出されていることを見逃すわけにはいかない。すなわち、社殿から大鳥居に至る軸線上にみられる光のグラデーションである。

本社の各空間について、本殿から大鳥居方向へ順に調べていくと、まず本殿は二重の壁や引戸に囲まれているので、外部光がほとんど届かない暗室となっている。

しかし、次に拝殿をみると、壁や引戸は一重となり本殿よりは明るいが、全体的に薄暗い空間がつくり出されていることがわかる。

また、それが祓殿となると、建具類はいっさい用いられず、吹き曝《さら》しとなっており、庇によって外部光が遮られるだけの明るい屋外スペースとなっている。

さらに、高舞台に至っては、屋根さえ設けられず、外部の光が直接あたる完全な外部空間となっているのである。

つまり、本殿から大鳥居に近づくにしたがって、軸線上の各空間が徐々に明るくなっていることが指摘できる。

そしてその結果、「暗」から「明」への光のグラデーションとでもいうべき演出効果がつくり出されていることがわかるのである。

それによって、本殿側から大鳥居をアイポイントとして望むと、やはり距離感が実際より短く感じるトリック、いわゆる「空気遠近法」の手法が巧みに造形されていることが明らかとなる。

菱格子戸

その他、これまで述べてきたような遠近法の効果を助けるしくみとして、本殿の正面にみられる菱格子戸である。

普通、本殿正面の扉は板戸であり、扉を開けずに中を見ることはできないのだが、厳島神社の前面扉は格子状の珍しいものとなっている。もちろん、ご神体は宮殿（厨子）の中にあるのだが、本殿前面に扉がない神社は、他にまったく例を見出すことができない。

厳島の造営者は重要な本殿の正面に、なぜこのような特異な意匠を用いたのだろうか。その答えは一つしか考えられない。

すなわち、正面扉を格子状にすることによって、本殿内部がずっと奥まで見渡すことができ、前述の社殿に施された数々の遠近法の手法をさらに生かすためにほかならない。

本殿の扉が板戸であったら、せっかく本殿に巧妙に施した遠近法の効果が薄れてしまう。

前に示した東照宮においても、本殿の遠近法の効果を助けるために、戸袋に引き込まれてしまう独特の扉が内陣正面に用いられていたが、この厳島神社本殿の扉も、くしくもそれと同様の目的を持っているとまず見てよい。

以上、述べてきたような本殿にみられる数々の遠近法が、同時代のルネサンスで大流行した手法であることはいうまでもない。

このような手法は、後に述べるように、キリシタンを通じて日本にもたらされた西欧文化の影響と見なすことができるのである。

全体配置計画

このような西欧的手法といった観点から、最後に本殿だけではなく、厳島神社全体の配置計画についても考えてみたい。

まず、前に述べた数多くの遠近法の手法が仕掛けられていた本殿の中心軸を延長すると、一五七一年に毛利元就・隆元父子によって再建された大鳥居を通過するが、この軸線をAとする。

次に、一五八七年に関白豊臣秀吉が建立したといわれる千畳閣の北辺を延長すると、やはり大鳥居を通過するが、この軸線をBとする。

さらに建立年代ははっきりしないが、厳島神社の願主、大願寺の社殿の西辺を延長すると、同様に大鳥居を通過するが、この軸線をCとする。

そして、本殿舌先を軸線Aと垂直に延長した軸線Dを引くと、くしくも千畳閣と大願寺の建物端を通過することがわかる。

すなわち、これらの軸線A、B、C、Dによって構成される三角形が、厳島神社の諸施設の配置を決定するための縄張りであるといえよう。

そしてここで注目したいのは、AとB、AとC、DとB、DとCのかたちづくる角度が、すべて四五度になるという事実である。

それまでの日本における建築の縄張りというのは、人工的な幾何学形態にあてはめるというよりは、地形に順応し、対応させることを第一としてきた。

そのため、この四五度という角度は、日本建築の縄張りにおいて、ほとんど用いられた例がない。

しいて、縄張りに用いられた例を挙げるならば、寛永度仙洞御所、さらに同年代ヨーロッパにおける数多くのルネッサンス庭園に求められるのみなのである。

つまり、厳島神社にみられる縄張りは、先に挙げた西欧の影響を受けたとみられる庭園や西欧の整形式庭園の縄張りに近い、珍しい形状をもつといってよい。

厳島とキリシタン

以上、ここまでに挙げてきた厳島神社にみられる西欧的造形はいったいどこからきたのだろうか。

次に、これらの諸施設の造営に関わった人物とキリシタンとの関係について考えてみたい。

まず、厳島神社檀主・毛利氏とキリシタンとの関わりであるが、一五八七年、秀吉による九州征伐を前にして、秀吉が毛利元就の子元春《もとはる》、隆景《たかかげ》、孫の輝元《てるもと》に、キリシタン大名として知られる黒田孝高《くろだよしたか》を派遣し、毛利氏の領内に駐在所を設けることを認めさせた。

そのため、もともと輝元や隆景は、キリシタンに対して反対の態度をとっていたが、すでに秀吉に服属し、その秀吉がこの頃はキリシタンに対して格別の好意を寄せていることから、領内での布教を許している。

元就の九男・毛利秀包《ひでかね》の妻は、キリシタン大名・大友義鎮《おおともよししげ》の第七女で、洗礼名をマセンシアといい、夫秀包も妻の影響によりキリシタンに入信。

また、元就の長男隆元の妻は大内義隆《おおうちよしたか》の養女であるが、義隆は一五五一年、ザビエルに山口の布教を許可しているキリシタン保護者であった。

このように、毛利氏はキリスト教に対して全面的に好意を寄せていたわけではないが、キリシタンのごく近くにあったことは明らかであり、入信するかいなかは別として、西欧文化に触れる機会は少なくなかったといってよい。

メンデス・ピントは、一五五四年十二月五日付の書簡の中で、日本から帰航するザビエルと同船したが、その際にザビエルから厳島布教の時の様子を聞いたといい、そのことは宣教師ルイス・フロイスも『日本史』の中で簡単に触れている。

つまり、ザビエルは厳島にて布教活動を行なったことがわかるのである。

また、『日本史』によれば、一五五九年には、宣教師ガスパル・ヴィレラら一行が厳島を訪れ、布教活動を行なっている。

それらの様子を描いたものとして、「厳島、天橋立屛風」がある。

これは、厳島神社の後方を南蛮人が通過している図で、現存する厳島の「反橋」を渡っているものと思われる。

これらの布教を通じて、さまざまな西欧の情報がもたらされていたことは想像に難くない。

それとともに、厳島にもともとみられる国際色を忘れてはならない。

戦国時代、大内氏の本拠地山口が大内氏の繁栄と文化の奨励にともない、西の文化都市の名声を高めたので、文化人の厳島寄島が多くなり、その滞在中に厳島の文化の急激な高まりが生じたといわれる。

また、厳島は堺と中国海路の要港で船舶の出入り繁く、厳島大明神に対する航海者の信仰とともに、すこぶる繁栄していたという。

厳島神社所蔵の一五五二年三月付、堺住人綾井九郎左衛門の奉納絵馬などは、堺商人が多く厳島と往来したことを示しており、また、海賊に警固料として支払う駄別安堵料の徴集場所ともなっていた。

このように、厳島は国際性豊かな都市であっただけに、やはり、西欧文化にごく近い位置にあったといえる。

以上のような事情からみて、厳島神社にみられる数々の西欧的造形も、ここへきて突然に発想・実現されたというよりも、キリスト教布教や南蛮貿易によってもたらされた西欧文化の影響とみるべきだろう。

2 月と宮島

なぜ海上に建つのか？

すでに触れたとおり、宮島は古くから信仰を集めてきた聖地である。五九三年に佐伯氏が社殿を造営したといい、『日本後紀』での初見は八一一年だが、それよりはるか以前から神宿る島として崇《あが》められてきた。

宮島に建つ厳島神社は、全国の約五〇〇社の厳島信仰の総本社であり、祭神は市杵《いちき》島《しま》姫命、田心《たごり》姫命、湍津姫《たぎつひめ》命の三女神である。女神でありながら一一六八年に平清盛が社殿を建て直すなど、武士の崇拝を受けてきたのは、本来これら女神が「鬼神」として恐れられた戦闘神であったからにほかならない。

宮島が日本三弁天の一つであることは前に述べたが、その姿は八臂《はっぴ》弁財天といって八本の腕に武器を持つ戦闘的な姿をしており、市杵島姫命の本来の姿であるともいう。

厳島神社の背後にそびえる弥山《みせん》（標高約五三五メートル）には奥社があり、現在は地主神「大元神社《おおもと》」が祀られるが、かつては日本唯一の三鬼神が祀られていたという。

奥社近くの大元神社本堂背後には「くぐり石」と呼ばれる磐座が鎮座しており、あの真言宗を開いた密教僧・空海《くうかい》が修行した三大秘密連行場であったといわれる。また本堂前には「不消霊火堂《きえずのれいかどう》」があり、何度も火災にあったが、一二〇〇年間消えたことがないという。

これら奥社付近は、現在は港とロープウェイで接続されており、比較的気軽に行くことができるのがありがたい。

かつては島全体が禁足地であり、厳島神社本社が海上に建つのも、島上に建築物を建てることがためらわれたからにほかならない。

現在は、宮島の各名所を見学することができるだけでなく、島内の宿泊施設に宿泊すれば、厳島神社本社のライトアップを楽しむことも可能だ。朱色の社殿が海面に浮かび上がる姿は息を呑む美しさである。

厳島神社と桂離宮

宮島は、同じく日本三景の松島とともに観月の名所でもある。しかし松島が月の出を楽しむのに対し、宮島の場合、月の入りの景観により重点がおかれている。

厳島神社の名のいわれは、一般には神が「居付く島」の意というが、もう一つ「居月島」が語源であるともいわれる。というのも厳島神社本社正面の海上に建つ鳥居の方位へ、一年で最も美しい満月、中秋の名月が没するからであり、社殿そのものが月を強く意識して建てられているからである。

前に詳しく観察したように、厳島神社の社殿は、海上の大鳥居へ向かって遠近法の視覚的効果が巧みに造り出されている。そのアイポイントとなるものこそが、月だったのである。

ちなみに、日本の美のシンボルとされる京都、桂離宮の古書院には月見台が付属するが、これは中秋の名月の出端に向けられている。桂離宮の建つ地は古来、和歌に月が詠まれる観月の名所であり、庭園全体にわたり観月を大きなテーマとしている。月見台と同じ方位をもつ「月波楼」、池を楽しむ舟の名は「歩月《あゆみ》」、映り込んだ月を見るための「浮月の手水鉢《ちょうずばち》」、舞い昇った月を邪魔しないで足もとだけを照らす「置灯籠」、春分・冬至それぞれの月の出に向けられた「梅の馬場」や「紅葉の馬場」など枚挙に暇がない。

いっぽう、桂離宮にも厳島神社同様、遠近法の手法が随所に用いられており、月見台からの古書院二の間の窓を通して見る月は、遠近法の一種であるヴィスタのアイポイントとなるように造られているのだ。

しかもその成り立ちには、同時代ヨーロッパのルネサンス、バロック文化が深く関わっている点も厳島神社の成り立ちとよく似ているといってよい。

創建者・八条宮智仁親王は兄・後陽成天皇にキリスト教宣教師を紹介し、天皇命令で幕府作事奉行・小堀遠州《こぼりえんしゅう》へ西欧技術を伝授させている。遠州の造った建築にはそれ以降、噴水や花壇、遠近法、ヴィスタなどの西欧手法が応用されるようになり、桂離宮の造営への関与も認められるのである。

このようにみてくると、厳島神社と桂離宮の造形とその成り立ちには、双子とでもいうべき類似性があるといってよいだろう。中でも「月」をテーマにした建築である点に、その共通性が強くうかがえるのである。

桃花祭神能《とうかさいしんのう》

厳島神社で眺める月の中でも、特に印象的なのが毎年四月十六日から十八日にかけて開催される桃花祭神能の際の月だろう。

桃花祭神能とは、厳島神社西回廊を客席として、正面の能舞台で舞う能のことで、月明かりをスポットライトよろしく催される。厳島神社の能舞台は、海上にあるものとしては日本唯一である。

ヒマラヤ、チベットに原始時代から伝わる五月の満月の日の「ウエサク祭」と呼ばれる祭りと同様の意味をもつといわれ、農耕や豊漁の神・月神への祈りの神事であるという。

本来能というのは、屋外で月明かりをスポットライトとして舞うのが基本であり、現存する日本最古の能舞台である京都・西本願寺能舞台も屋外にあり、縁側を客席とする。桃花祭神能もその本来の姿を今にとどめるものとして大変貴重である。

この神能には、決まった開始時間がない。たそがれ時、月の引力によって潮がどんどん満ちてくる。そして月が上がった頃合いをみて、突然雅楽と舞いが始まるといった寸法である。

厳島神社本社は、すべての神殿が海上に建つため、月の引力による潮の干満によって劇的に景観が変化する。その変化と月明かりを巧みに取り入れたのが桃花祭神能であり、観客の中には涙ぐむ人もいるほど感動的な神事である。

干満岩の謎

厳島神社背後の弥山頂上には不思議な石がある。これを「干満岩《かんまんいわ》」という。

弥山山頂の「干満岩」には潮の干満により海水がたまる

中央に穴があいており、海の潮の満ち干きと連動しており、穴に海水がたまることが明らかになっている。弥山山頂は標高五三五メートルの高さにある。つまり、海と干満岩は五三五メートルのパイプでつながり、海水を吸い上げる仕掛けになっていることになる。

一説に、この穴は人工的に造られたものという。もしそうだとすれば、なぜこのような仕掛けをもつのだろうか。

山頂近くには奥社があり、三女神を祀っている。すなわち、三女神と海を干満岩が月の引力による潮の満ち干きによってつながっていることになる。

毎年、厳島神社の例祭である管絃祭では、十七夜の月の中天（満潮）の時間に合わせて三女神のご神体を船にのせ、この島の地霊（産土神）を祀る地御前神社へ向かう。ここにおいても、月とその引力による潮の干満が三女神を他者とつなぐしくみになっていることに注目してほしい。

その他『平家物語』によれば、満月の満潮時、宮島に卒塔婆《そとば》が漂着したといい、厳島神社にはその漂着地であるという「卒塔婆石」がある。おそらくこれは原始時代に祭祀を行なった環状列石かと思われるが、重要なのはここにおいても宮島と他者が、月とその引力である潮の干満によって結びつけられることである。

弥山山頂の干満岩は、もとは月と連動して干満を起こす海神として海に祀られていたものを奥社に移した際、祟りを恐れて造られたものではないだろうか。繰返しになるが、三女神は本来、鬼神として恐れられたものなのである。

どちらにせよ、宮島の祭神、三女神が月やその引力による潮の干満と密接に関わっていることがうかがえる。

なぜ鳥居が海中に建っているのか

厳島神社の特徴の中でも最も目につくものが、大鳥居であろう。

本社の床先端の「火焼前《ひたさき》」より八八間の海上に自立する朱塗りの大鳥居は、奈良の大仏とほぼ同じ高さで一六・八メートルもある。棟木の長さは二四・二メートル、重さ約六〇トン。

樹齢五、六〇〇年のクスノキの大木で造られ、現在の大鳥居は八代目で、明治時代に再建されたもの。第二次大戦の空襲にもよく耐えた。

クスノキの巨木は、宮崎県と香川県から調達したが、これほどの巨木だけに約二〇年の歳月を要したという。もうそろそろ寿命がきているそうだが、今のところ国内にこれだけの樹齢の巨木はほとんどなく、次は中国などから調達する必要があるといわれる。

驚くことに、この大鳥居はかつて根元を海底に固定されていなかった。鳥居の重みだけで立っていたというのだ。

しかし、この自重だけで立っているため、かえって台風や地震に強かったのだという。なぜかといえば、しっかり固定されているとかえって折れてしまう。固定されていなければ斜めに傾いて力を受け流し、再び元のまま立っていられるわけである。

ただし、初めからこのようなしくみだったわけではない。この鳥居が絵図に初めて描かれるのは、一二九九年の「一遍上人《いっぺんしょうにん》絵伝《えでん》」であるが、そこでは今のような袖柱のない普通の鳥居が立つ姿となっている。むろん普通の二本足では海底に埋めて固定しなければ立てることができない。

よって、二本足時代の鳥居は、何度も台風によって倒されている。

一五七一年、毛利元就が現在のような六本足の鳥居に改造したところ、倒れにくくなったという。現在は千本杭によって軽く固定されている。

ここで疑問となるのは、そこまでしてなぜ海上に鳥居を立てなければならなかったのかという点である。

この大鳥居は一見、厳島神社側から拝するようにみえるが、実は海側から拝する造りになっている。

それは本来、宮島自体が聖地として信仰の対象になってきたからで、厳島神社も含めた宮島全体を拝むために海上に立てられたのである。

宮島自体が神の宿る場所で、かつては禁足地であった。だから海面に立てざるをえなかったといったところだろう。厳島神社が海上に建てられたのも同じ理由であることはすでに触れたとおりである。

ちなみに現在、厳島神社へは土足のまま入ることができるが、かつては履物を脱いで昇殿したという。近年になり、床板の上に「養生板《ようじょういた》」と呼ばれる土足用の板をのせたので、土足で上ってもよくなった。

なお、台風の通り道に建つ厳島神社だけに、単に大鳥居のみへ対策を講じているわけではない。

本殿の床板は、板と板の間に少し隙間が空けられており、台風時に床下から押し上げてくる高潮の圧力を弱める工夫が施されている。

また、板自体、まったく釘で固定していないため、床板が浮き上がって圧力を弱め、また元の場所へ戻るしくみをもっている。

何度も台風に破壊された経験をもつだけに、厳島神社には現代の建築技術にも引けをとらない知恵と工夫が施されているのである。

現代建築においても、もっぱら建築を「補強」する「耐震」に余念がなかったが、近年は「制震」あるいは「免震」といった力を受け流す技術が主流となっている。

大鳥居は宮島を拝む場であるだけでなく、こうした厳島神社の創意工夫のシンボルといってよいだろう。

厳島を崇拝した武将たち

瀬戸内海は古来、九州と近畿を結ぶ安全な交路として重視されてきた。宮島はそうした交路を航海する人々の守護神として飛鳥時代以前から崇拝されていたものとみられる。

しかし、神社としてのさらなる発展の発端が一一四六年、この地の国司となった平清盛であったといってよい。清盛自身が厳島神社に納めた「平家納経」によれば清盛が厳島神社へ詣でたところ、保元の乱、平治の乱に勝って大出世を遂げたのだという。

一一六七年、清盛は武士として初めて太政大臣となり、すべては厳島の神のおかげと感謝し、社殿を一新し、厚く信仰したようである。

清盛の厳島参詣は、わかっているだけで二〇年間に一〇回。多忙を極めた時の権力者として、これは異例の多さである。

清盛は一族や自らの運命を左右する重大な事件が起きるたび、京都から厳島へ駆けつけたことから、厳島神社は一躍有名になり、清盛の出世にあやかろうと参詣者が殺到した。

平氏も朝廷との結びつきを強化するために皇族を次々に接待し、後白河上皇や高倉上皇なども参拝している。

九州と近畿を結ぶ瀬戸内海の要衝に位置する宮島を掌握した清盛は、このルートを利用して日宋貿易を行なって莫大な富を得て、軍事力だけでなく経済力をも手に入れたのである。

平氏は一一八五年、壇ノ浦で滅亡したが、厳島神社はその後も武家を中心に信仰を集め、鎌倉幕府や室町幕府の保護を受け、さらに発展した。

戦国時代には、戦いの舞台ともなり、一五五五年、中国地方最大の大名・陶晴賢《すえはるかた》と安芸《あき》の武将・毛利元就《もうりもとなり》による厳島の合戦が起こり、毛利軍が勝利した。元就も厳島神社を厚く信仰し、能舞台を寄進している。

その後も、朝鮮出兵のため、瀬戸内海を行き来した豊臣秀吉も厳島神社を崇拝し、出兵の戦没者のための大経堂・千畳閣を社に寄進した。
このように、日本史を代表する武将たちが厳島神社を信仰し、崇め続けてきたのである。

平清盛の苦悩と祟り

一一六八年、厳島神社を建て直し、平家の守護神としたのが平清盛であったことはいうまでもない。この年、清盛は出家している。

清盛が出世するまでに保元の乱や平治の乱によって、数多くの命が失われた。仏教では人をあやめると地獄へ落ちると説く。自らの極楽往生を祈り、清盛は仏門へ吸い寄せられるように帰依していった感が深い。

平家一門は、その権力と日宋貿易による経済力から片腕の地位にあった平時忠をして「平家にあらずんば人にあらず」といわしめた。

清盛は一一七七年、平家打倒の陰謀の罪で藤原師光《もろみつ》（西光《さいこう》）を処刑、藤原成親《なりちか》を備前への流罪、処刑。僧・俊寛《しゅんかん》・平康頼《やすより》・藤原成経《なりつね》を鬼界《きかい》ヶ島《しま》（鹿児島県）への流罪としている。

厳島神社の能舞台裏には卒塔婆石と呼ばれ、潮が干くと現われる丸い環状列石があることは前に少し触れた。この石は、平康頼が鬼界ヶ島から流した卒塔婆（供養のための木簡）が流れついた地といわれる。

康頼は成経とともに、のちに許され鬼界ヶ島の配流先から帰京したといわれる後白河法皇の近臣である。卒塔婆石の近くには「康頼灯籠」と呼ばれるものがあり、康頼が流罪から許され帰ることができたことを厳島の神に感謝して奉納したものと伝えられる。

ちなみに僧・俊寛だけは許されず、鬼界ヶ島で没したという。鬼界ヶ島は現在の硫黄島《いおう》ではないかともいわれるが、近くの「喜界島」には俊寛の墓があり、元東京大学教授・鈴木尚氏の調査によると、人骨が出土し、面長の貴族型の頭骨をもつ島外の相当身分が高い人物であると推測された。

『平家物語』巻第三には、彼らの生霊が祟りをなし、清盛の娘の出産に害を与えた話

康頼が奉納したと伝わる「康頼灯籠」

が生々しく語られる。むろんフィクションだが、そのように当時の人々に考えられ、恐れられたことは疑えない。

事実、一一七九年、清盛の娘・盛子《もりこ》は二四歳の時「不食」の病で没している。また同年、清盛の長男、重盛《しげもり》は四二歳で病死している。しかも後白河法皇は勝手に二人の荘園を没収、清盛の娘婿・基通《もとみち》をさしおいて藤原師家《もろいえ》に摂関嫡流の地位を与えてしまった。

これに激怒した清盛はクーデターを起こし、後白河法皇を幽閉、翌年宿敵・源頼朝を挙兵させる引きがねを引いてしまったのである。

一一八〇年、反平家勢力であり、僧兵を出兵させた奈良・興福寺、そして東大寺を五男平重衡《しげひら》に焼かせたため、仏門に深く帰依した清盛は「仏敵」という最悪の汚名をきるにいたった。

翌年の一一八一年、清盛は突如熱病に冒され没した。人々は仏罰が当たったと噂したという。

『平家物語』によれば、遺言は「頼朝の首を我が墓前に供えよ」であったという。また死去の直前、頼朝が密かに和睦を申し入れると「我の子、孫は一人生き残るといえども骸を頼朝の前に晒すべし」と拒否していることから、清盛の頼朝への憎しみが十分みてとれる。藤原師光や成親に「祟られた」清盛が、今度は「祟る」側にまわるのである。

今も祟り続ける清盛

宮島には「経の尾」と呼ばれる丘に別名「清盛塚」と古くから呼ばれる「経塚」がある。伝承によれば、清盛が一つ一つの小石に法華経の一文字一文字を刻み納めたものという。

大正期初めまでは、この丘から経文のある小石が発見されることがたびたびあったという。一九四四年、お経を納める銅製経筒が磁器製容器や鏡が発見され、経塚であることが明らかになった。

経筒は現在行方不明だが、容器とともに発見された白磁合子《はくじごうし》や鏡は、厳島神社に現存している。地元の人によれば、周辺の遺物を持ち帰ると祟りがあると伝わるという。

現在厳島神社の西に「西松原」が広がる。一五四一年、社の建物は紅葉川の土石《どせき》流《りゅう》で壊滅的な被害を受けたという。史料に記録は残っていないが、それ以前もたびたび被害にあったはずだという。

その後、川が社殿に流れ込まないよう、流出した土砂で堤防を築いて水の流れを変え、今の神社南を流れる御手洗《みたらい》川が形成されたといわれる。

江戸期以降、土石流で発生した土石や、潮によって堆積した土砂で御手洗川の河口に堤防を築いて、強化するために松を植えた。それが現在の西松原なのである。

この由来は、一七四三年に堤防に寄進された一〇四基の石灯籠の中の一番大きなものに刻まれている。

ところで、なぜ堤防に一〇四基もの多数の灯籠が寄進されたのか。灯籠というのは供養のために立てられる。西松原の堤防は、その後もたびたび土石流で決壊した。すなわち、土石流が祟りと認識されたからではないか。

それでは誰の祟りかというと、「仏敵」の汚名を着せられ、無念の最期を遂げた平清盛の怨霊であると伝えられる。

土石流は一九四五年の枕崎台風でも起こっている。西松原は、近代に入ってからも祟り続けるのである。その際に堆積した大量の土砂を用いて西松原を延長し、有之浦、大元浦がさらに埋め立てられた。

そして清盛の没後七七〇年を記念し一九五四年、延長された西松原に清盛を祭神とする「清盛神社」が創建された。その前年には清盛の霊を鎮魂する清盛祭が行なわれたという。そしてこの鎮魂祭は今も祟りが起きないよう毎年例祭として開催され続けているのである。

仏教による鎮魂

もっとも宮島が鎮めているのは、清盛に祟った者や清盛の霊だけではない。平氏滅亡や厳島神社を信仰した武将によって殺された亡者全体に及んでいるといってよい。

日本には元来、神道という土着の宗教があり、そこへ外来宗教である仏教がもたらされた。仏教は日本での普及のために神道と結びつき、神は仏の姿をかえたものという「神仏習合」の宗教形態をもつに至ったとみられる。

宮島においても、神道と仏教が習合しており、明治時代の神仏分離令までは、神仏一体の関係であったという。

宮島にはこれらの九つの寺社を順に訪れる「御島巡式《おんしまじゅんしき》」と呼ばれる巡礼コースがあり、それらの成り立ちをみると、どの寺社をとってみても、鎮魂と切り離して考えることができない。そもそも巡礼というのも極楽往生を願う鎮魂の儀式にほかならないのだ。

例えば光明院《こうみょういん》。平氏の滅んだ壇ノ浦の合戦の際、海に身を投げた尼の遺体が宮島の有之浦へ漂着したという伝承があり、現在の光明院の隣にあった神泉寺に尼を弔い、阿弥陀堂を建てて尼の木像を祀っていたという。現在、神泉寺は廃寺となり、木像は宮島歴史民俗資料館に安置されている。

また、徳寿寺《とくじゅじ》。寺には子供のない老夫婦に子供をさずけた「金石地蔵」の伝承があるが、六体の地蔵を祀っており、典型的な六地蔵信仰であるといってよい。

地蔵菩薩は、死者が亡くなると生まれ変わるという六つの冥界である六道（天道、人間道、修羅道、畜生道、餓鬼道、地獄道）それぞれの入口にいて、たとえ地獄道に落ちる者であっても救うという仏である。

戦乱で非業の死を遂げた人々の霊を、できるかぎり救い出し、成仏させようという目的でここに安置されたものだろう。

さらに存光寺《ぞんこうじ》。約三〇〇年前に出雲の一畑薬師から十二支人を持ち帰って開いたと伝えられる薬師堂がある。十二支人とは、薬師如来が悪鬼と戦う時に化身するという十二神将のことだろう。すなわち、この寺の薬師如来は、怨霊封じに霊験あらたかな仏である。

かつては一五五五年の厳島の合戦で敗れた陶軍の将兵の霊を弔うために、毛利軍が甲冑を身につけて舞ったことに由来する湯立神楽が行なわれていたといわれ、これも鎮魂の儀式といってよいだろう。

重要文化財の多宝塔も同様の成り立ちではないか。というのも、厳島の合戦において陶晴賢が真先に陣を張った場所だからにほかならない。ここにも同様の薬師如来が安置され、現在は大願寺に移されている。

この他、宝寿院《ほうじゅいん》や真光寺《しんこうじ》は、世者をあの世へ導く阿弥陀如来を本尊としており、死者を成仏させる寺なのである。

いっぽう豊臣秀吉の造った千畳閣は、朝鮮出兵で命を落とした人々の鎮魂を目的に毛利輝元に造らせた大経堂である。

ただし、当時の大工技術からしてもかなり荒っぽい造りで、太い梁を二本途中で筋違いにつないだり、釘を大量に使用したり、プロデューサー役の安国寺恵瓊《あんこくじえけい》にいさめられて造ったものの、秀吉自身には鎮魂しようという意思はほとんどなかったのではないだろうか。結局、未完成のまま今に至っている。

これらの事例からわかるとおり、宮島の寺社のほとんどが、戦乱による死者の鎮魂に力を入れているといってよいだろう。

摂社による鎮魂強化

厳島神社の境内には、数多くの摂社や末社・施設が配されており、神々とそれにともなう儀式の場の集合体とでもいうべきものである。なぜ摂社・末社が多いのかというと、その要因の一つに、厳島神社が本来もつ鎮魂という性格をさらに強化する目的がある。

例えば、摂社の一つに大国社（重要文化財）があるが、祭神・大国主命《おおくにぬしのみこと》は激しく祟った神として知られる。『古事記』によれば次の支配者の命令に従い、立派な神殿を造ることを条件に国を護ったという。

その神殿が出雲大社であり、神座が西方浄土のある西向きになっていたり、その位置が東北＝鬼門の位置にあったり、社格を示す鰹木《かつおぎ》が八本であるところを三本と故意に権威が低められているなど、数々の怨霊封じが仕掛けられている。

この大国主命の妃が厳島神社の祭神の三女神のひとり田心姫命なのである。そこで夫の崇神を本社近くに祀り、ともに祀られているのである。

また厳島神社には摂社として天神社（重要文化財）がある。祭神はこれまた有名な祟り神である菅原道真である。道真は平安時代の官人であり、右大臣まで出世したが、ライバルの左大臣・藤原時平の陰謀によって九州・太宰府に流され亡くなった。その後異変が多数起こり、道真の祟りと考えられた。京都・北野神社の主祭神として現在は学問の神となっている。

ちなみに天神社は一五五六年、毛利隆元が寄進したものだが、怨霊神をあえて寄進したのは、厳島神社のもつ鎮魂という性格をより高めるためだったのではないか。というのも京都で御所の南北を守護するように建てられた「八所御霊」を祀る下・上御霊神社は、両者ともに菅原道真が合祀されている。

八所御霊とは恨みをもって死んでいった祟り神八柱のことである。天皇を守護するために御所を挟むように南北に建てられたわけである。

なぜ道真が両御霊神社に祀られているのかといえば、一度北野神社に祀られて鎮魂が完了した祟り神であるからだろう。道真と共にいまだ祟る神を合祀し、懐柔をはかるためではないか。

大国社にしても、天神社にしてもそれぞれ出雲大社や北野神社で鎮魂が完了した祟り神を厳島神社に合祀することによって、いまだ祟る神を鎮魂する性格の強化を目的としたのである。

厳島神社と偶数間

厳島神社の主祭神・三女神はかつて「鬼神」として恐れられたことはすでに述べた。その本社正面の柱間（柱と柱の間）を数えると、奇妙なことに八間である。

なぜ奇妙なのかといえば、日本建築では必ず正面に奇数間を採用する。神社で正面にこうした偶数間をもつ例は、前述の出雲大社（二間）くらいだろう。

なぜなら、神社や寺院の正面が偶数間になっていると、真中の柱が邪魔で、中央に入口をつくることができず、また本尊を中央に置くこともできないからである。そしてなによりも日本には古来、奇数が陽《はれ》、偶数が陰《け》といった考え方があるからにほかならない。

例えば節句として祝うのは一月一日、三月三日、五月五日、七月七日、九月九日と、すべて奇数であることは第一章でも触れたとおりである。

例外的に偶数間をもつ日本建築は次のとおりである。

出雲大社（大国主命の怨霊封じ）
元興寺極楽坊《がんこうじごくらくぼう》（蘇我氏の怨霊封じ）
法隆寺（聖徳太子の怨霊封じ）
当麻寺《たいまでら》（井上内親王《いがみないしんのう》＝中将姫《ちゆうじようひめ》の怨霊封じ）
薬師寺（大津皇子の怨霊封じ）
善光寺（物部守屋の怨霊封じ）

以上のとおり、偶数間をもつ建築はすべて怨霊封じの伝承をもっていることになる。

出雲大社にいたっては、前に触れたご神体の位置や方位、鰹木の本数だけでなく、柏手も通常二回打つところを四回打つ。つまり「四」＝「死」にこだわっており、創建当初の高さは一六丈（四×四）、現在でも八丈（四＋四）＝四八メートルなのである。

そして厳島神社本社の正面は八間（四十四）という、同様に忌み嫌われる怨霊建築のしくみとなっている。これはやはり、主祭神がかつて鬼神すなわち怨霊であったことを物語るものだろう。

しかも本社正面に広がるのは高舞台と平舞台（ともに国宝）である。高舞台は正面中央の高くなった舞台で、四隅に擬宝珠と呼ばれる神社本殿の手すりに取り付けられる魔よけと同じものが取りつけられ、結界をはった聖域であることがわかる。

この高舞台は、四天王寺の石舞台、住吉大社の石舞台とともに日本三舞台の一つに数えられる。

そしてこの高舞台で行なわれる舞楽は約八二〇年前、平清盛が四天王寺から移したもので、聖徳太子や物部守屋の鎮魂のための聖霊会で舞われるものである。

四天王寺の舞楽の意味

五八七年、丁未の変で物部守屋を聖徳太子軍が殺し、同年四天王寺を建立したことが『日本書紀』になぜか二度記されている。

五八七年「乱を平めて後に摂津国に四天王寺を造る」
五九三年「この年初めて四天王寺を難破の荒陵《あらはか》に造る」

この中の「難波の荒陵」というのは、現在の四天王寺の地を指し、荒陵山《こうりょうさん》を山号としている。
「荒陵」とは盗掘にあって荒らされた古墳があったことに由来する。それでは五八七年の記述はいったいどうとらえればよいのだろうか。
四天王寺の成り立ちを書きとめた『荒陵寺御手印縁起』によれば、「五八七年をもって初めて玉造《たまづくり》岸上に建て（中略）五九三年壊して荒陵の東へ移す」とあり、もとは「玉造」という場所に寺を建て、のちに現在地へ移したことがわかる。『上宮聖徳太子伝補闕記』や『古今目録抄』なども四天王寺は玉造にあったことを伝えている。

玉造というのは、現在の大阪城付近に残る地名で、かつては河内湖の入江に面した港があった場所であり、水上交通の要衝であった。

興味深いのは、ここに物部守屋《もののべのもりや》の邸宅があったことだろう。『日本書紀』にも丁未の変が起きる直前にこの邸宅を防衛させる記事がある。守屋は大和川の水利権を掌握しており、大和川が流れ込む河内湖の湖岸に邸宅を構えていたのであった。

『古今目録抄』によれば「守屋を殺した直後の五八七年七月三日、玉造の地に柱を立てた。そして守屋の死から四九日にあたる八月二十日に四天王像を安置し供養した。これが太子発願の四天王寺である」という。

また『顕真得業口決抄』によると「守屋の首ならびに首切大刀、着ていた衣服とをことごとく玉造の寺の仏壇の下に埋めて堂を造り、供養した」といい、四九日にあたる八月二十日にこれらの品を仏壇の底に埋めて供養したと思われる。

以上をまとめれば、丁未の変で守屋が敗死した直後に、彼の邸宅のあった玉造に四天王寺を創建して守屋を鎮魂し、六年後に現在の地へ移したことになる。

元大阪樟蔭女子大教授・今井啓一氏は、守屋が新羅からつれてきた鵲《かささぎ》を邸宅で飼っていたことから、邸宅跡を鵲森宮《かささぎのもりのみや》（森之宮神社）の地であると推定した。つまり「守屋の宮」が「森之宮」になったというのである。

つまり現在、四天王寺で毎年行なわれる聖霊会というのも、聖徳太子の鎮魂というよりもむしろ物部守屋の鎮魂であると考えたほうが自然だろう。

そして、その鎮魂の儀式とでもいうべき舞楽をもってきたのが、厳島神社の高舞台で行なわれる舞楽なのである。

住吉大社「埴使《はにつか》い」神事

いっぽう厳島神社、四天王寺とともに日本三舞台に並び称される大阪の住吉大社には「埴使《はにつか》い」と呼ばれる不思議な神事がある。

祈年祭・新嘗祭の前に、奈良の畝傍山《うねびやま》の埴土《はにつち》を採ってくる神事である。神職は雲名梯神社、畝火山口神社にて祭典を行ない、山に登る。山頂の秘地にて口に榊《さかき》の葉を含んで、埴土を三握半採取し、埴筥《はにはこ》に収めて持ち帰る。埴土はお供えを入れる焼き物の祭器をつくるのに用いられる。

一般には決して公開されることはないが、住吉大社の重要な行事として毎年必ず行なわれる。

この神事は『日本書紀』や『古事記』に記される埴安彦の反乱事件で、壮絶な討死を遂げた妃・吾田《あた》媛の鎮魂のために、彼女の事績をなぞらえたものという。

すなわち日本三舞台のある三つの寺社すべてが「鎮魂」という一つのキーワードで結びつくことになる。

舞台とは何か。舞楽とは何か。それは戦死した霊の鎮魂と密接に結びついているといってよい。

厳島神社の高舞台における舞楽も、戦死した平氏一門や戦国時代の犠牲者の鎮魂のために捧げられたものだろう。

第三章　松島と独眼竜

1　東北随一の絶景

浸食と松が造り出した風景

その奇跡の景観は、仙台平野が太平洋に面する海辺に展開する。大小約二百六十余りの島が群れをなして水に浮かぶ様は人々を魅了してやまない。それが古来、月や雪とともに歌に詠みつがれる松島である。天橋立、宮島とともに日本三景の一つに数えられる。なぜかくも不思議な風景が造り出されたのか。

松島諸島を形成するのは、凝灰岩《ぎようかいがん》や砂岩、礫石《れきがん》などの柔らかい地層である。そこへ松島湾の荒波が押しよせて、長い年月をかけて浸食された結果、このような特徴的な光景が生み出されたという。いわば波が造り出した彫刻である。

古地図や絵図を見ると、各時代ごとにその景色が少しずつ異なっており、まるで生き物のように刻一刻と変化してきたことがわかる。

松島は天橋立と同様、現在も浸食が進んでおり、将来が危ぶまれている。

「松島」の地名は、浜辺や群島に松が群生していることから命名された。強い潮風にさらされるうえ、柔らかい土壌であるため、深く根をはり風に強い植生をもつ松が、結果的に生き残ったものという。反対に松の根が群島の柔らかい土をしっかりつかんでいるので、浸食を遅れさせているとみられる。

このように松島は、太平洋の荒波による浸食と松の植生それぞれが、協力し合って造り出した眺望であるといってよいだろう。

三つのエリア

松島は、松島湾に沿って南の仙台側から順に「塩竈《しおがま》」「松島」「奥島」の三つのエリアに分けられる。

まず「塩竈」地区は塩竈港の沿岸付近である。このあたりは、古くは多賀城《たがじょう》の外港として軍事的に重視された。江戸時代以降は城下町・仙台への海運交通の要衡として機能してきた。

近年は、近海マグロの漁港として知られる。新鮮なマグロを目あてに多くの観光客が訪れる。

なお現地では「鹽竈」「塩竈」「塩釜」とさまざまに表記するが、すべて「しおがま」と読む。

観光の中心は、港に接した山上の鹽竈神社（後述）である。各時代の領主の信仰を集めてきた社だが、山城としての軍事的役割も担ってきた。

次に「松島」地区は松島海岸の中心部である。群島の中、暗礁《あんしょう》も多いため海側から軍事的に攻めにくい。よって江戸時代には伊達政宗によって軍港とみなされたことはすでに述べたとおりである。

よって伊達家直轄施設が数多く残されており、国宝の瑞巌寺や五大堂、伊達家の迎賓館であり観月の施設である観瀾亭などが人気を集めている。

そして「奥松島」地区は、宮戸島を中心とした松島湾の北東部である。仙台から見て「松島」のさらに奥にあることからそう呼ばれる。

野蒜《のびる》海岸は、夏場に海水浴客で賑わう。また竹浜は、鳴き砂でよく知られる。さらに里浜貝塚があり、縄文時代から弥生時代前期までの遺跡で、標高二〇〜四〇メートルの高台にある。

松島四大観《しだいかん》

松島の景観の中で最も有名なのが、「西行戻しの松」であろう。新古今和歌集に最も多く歌が選ばれた日本最大の歌人・西行が眺めたという景観である。

しかし、西行が「花」の歌人と呼ばれるためか、現在は二六〇本余りの桜が植えられて西行戻しの松公園として展望台になっており、松よりも桜の名所として知られる。

古い景観を比較的よく残しているのが、江戸時代に舟山万年が命名した「松島四大観」である。

まず「壮観《そうかん》」。奥松島の宮戸島の高台・大高森から見た眺めのこと。松島湾を東端から西を見るアングルで、海岸線が奥行きを強調し、群島の浮かぶ景色がすばらしい。特に夕焼けの光景は壮大で日没が印象的である。

次に「麗観《れいかん》」。松島中心部の富山の高台・大仰寺から南を望む眺めのこと。松島湾を逆光で見ることになり、群島のシルエットが美しい。

さらに「幽観《ゆうかん》」。扇谷から東南方向に塩竈湾を望む。谷間からフレームを通して海を眺める構図となり、一枚の絵を見るようだ。

最後に「偉観《いかん》」。七ヶ浜町の多聞山から木の枝ごしに北を眺める。塩竈湾とその奥の松島湾、さらに奥松島と三大エリアが一望できるよくばりな構図である。

なお、こうした高台からの海の景観を眺める他、遊覧船で松島港から奥松島を巡ったり、塩竈港まで巡る航路がある。

松島の約二六〇の群島には、一つ一つ名称がつけられており、例えば千貫島《せんぬきしま》や仁王島、鐘島や小藻根島《こもねしま》、みさご島や双子島、かえる島や高島などそのかたちを示すものが多い。

アインシュタインも絶賛した月

同じ日本三景の一つ宮島と同様、松島は観月の名所としてつとに有名である。すでに十四世紀の中国の薩都拉が著した『雁門集』で「雄島煙波松島月」と絶賛され、国際的に著名であったことがわかる。

その後十七世紀には、仙台藩主・伊達政宗が、太閤・豊臣秀吉より京都・伏見城にあった茶亭を与えられ、観月のための観瀾亭を松島に設けた。この建物は前に触れたとおり、松島を軍港に見立てた時の天守の役割ももっていたとみられ、その後も伊達家の迎賓館として用いられた。

さらに江戸時代に入ると、林春斎が『日本国事跡考』に「松島（中略）殆如盆地月波之景」と記し、特にその月が取り上げられて日本三景に選ばれた。日本の美の象徴「雪月花」を日本三景にあてはめる場合、天橋立に雪、宮島に花、松島に月があてはめられる。やはり松島は月にとどめをさすのである。

十七世紀後半に入ると俳人・松尾芭蕉が心の師・西行を追って松島を訪れ、「武蔵野の月の若生えや松島種」と詠んだ。日本文学の金字塔といわれる『奥の細道』においても、冒頭で「松島の月先心にかゝりて……」とやはり松島の月に憧れて江戸を旅立った。

そして一九二二年、あのノーベル賞物理学者、アルベルト・アインシュタインが松島を訪れた。

東北本線の仙台駅から松島駅に到着したアインシュタインは、さらに松島電車に乗り換え、十二月三日一六時過ぎには五大堂前にたどりついた。

その日は十三夜の決して十分とはいえない月齢の月が上がったが、アインシュタインは「おお月が……おお月が……」と言ったあと、そのまま絶句したといわれる。後に「どんな名工の技でも、この美しさを残すことはできない」と同行者に絶賛したという。

松尾芭蕉が『奥の細道』の旅で松島を訪れた時に、あまりの絶景のため言葉が浮かばず「松島やああ松島や松島や」という句を詠んだといわれるが、実際この句は後世の狂歌師・田原坊の作であって、芭蕉の作ではない。

そのかわり、芭蕉の『奥の細道』の旅に同行した弟子の河合《かわい》曾良《そら》が次の句を残している。

「松島や　鶴に身をかれ　ほととぎす」（『奥の細道』）

伊達政宗も次のような松島の月について詠んだ和歌を残している。

「いずる問もながめこそやれ陸奥の月まつ島の秋のゆふべは」

「心なき身にだに月を松島や秋のもなかの夕暮れの空」

「所がら類はわけて無かりけり名高きつきを袖に松島」

「松島や雄島の磯の秋の空名高き月や照りまさるらん」

いかに松島の月が政宗を魅了したかがうかがえよう。

2　塩竈神社の謎

鹽竈《しおがま》神社

　松島の三つのエリアの中でも、最も古い歴史をもつのが塩竈地区である。その観光の中心が陸奥《むつ》国一之宮と称される鹽竈神社だろう。

『弘仁主税式《こうにんしゆぜいしき》』（九世紀）によれば、鹽竈神社は約千石に相当する所領を与えられており、このような事例は他にほとんどなく、古代においてきわめて重視されていたことがわかる。

　主祭神は本宮に祀られる武甕槌神《たけみかづちのかみ》（左宮）、経津主神《ふつぬしのかみ》（右宮）であり、別宮に塩《しお》土老翁《つちのおじ》を祀る。本宮、別宮の建物は共に重要文化財に指定されている。

　神職は十二世紀以降代々、伊澤（留守）氏がつとめた。しかし十六世紀に僧・富《ふ》鏡《きょう》が境内に法蓮寺《ほうれんじ》を創建すると、鹽竈神社の一切を取り仕切ったという。ちなみに法

現在の社殿は仙台藩四代・五代藩主の伊達綱村・吉村が完成させたと伝えられている

蓮寺は明治期になって廃寺となり、勝画楼《しょうがろう》と呼ばれる書院を残すのみである。

入口に立つ鳥居は一六六三年の造立で重要文化財に指定されている。境内には杉の巨木や塩竈桜、太羅葉樹《たらようじゅ》、蠟梅《ろうばい》などの珍しい植物が多数みられる。

また、奥州藤原氏三代忠衡《ただひら》が一一八七年に寄進したという鉄灯籠や、仙台藩九代藩主・伊達周宗《だてちかむね》が寄進した飾《かざり》灯籠などがある。

現在の社殿は仙台藩四代藩主・伊達綱村《つなむら》と五代藩主・吉村《よしむら》が一七〇四年に完成させたものといい、幣殿や拝殿、随身門や門、廻廊や端垣にいたるまで、すべて重要文化財に指定されている。

本殿は三社とも木造素木流造《しらきながれ》りの檜皮葺《ひわだぶ》きで、三方に勾欄《こうらん》のついた縁側を巡らす、全国的にも珍しい三本殿二拝殿という配置をもつことで知られる。

境内の東には、農耕の守護神として信仰される志波彦《しわひこ》神社が建つ。もともと仙台市岩切にあり、古代より朝廷に崇拝されていたが、火災で焼失し衰退していた。しかし一八七一年、明治天皇の命によって鹽竈神社の摂社となった。

鹽竈神社の例祭としては、三月の帆手《ほで》祭、四月の花祭、七月のみなと祭、十一月の穂曳《ほび》き、十二月の勝来祭《かつらい》などがある。帆手祭は急勾配の階段を神輿が一気に降りるという荒々しいものだ。また、みなと祭は神輿を舟に乗せて松島湾を巡る。さらに勝来祭は奥州合戦の際、戦勝祈願をしたことを今にとどめるという。

志波彦神社の前からは松島湾を一望でき、塩竈随一の眺めを誇る。

なお、約一キロほど離れたところに末社の御釜社《おかま》がある。鹽竈神社の別宮と同じく塩土老翁を祭神とし、四つの神釜をご神体としている。近年はその名称から本業のご利益とは関係のない、女装した男性、あるいは元男性の参拝が後を絶たないという。

御釜神社では、毎年七月四日から六日まで「藻塩焼《もしおやき》神事」が開かれる。四日は藻刈《もかり》神事を行ない、海辺の鼻節《はなぶし》神社の沖からホンダワラを採り、五日は御水替神事として海水を釜にはる儀式を行なう。

六日はいよいよ藻塩焼神事に入り、海水をホンダワラを通して神事用の釜に注ぎ、煮つめて塩を作る。古式の塩作りを今に伝える神事である。

多賀城跡

JR東北本線の国府多賀城駅近くに、多賀城跡がある。古代における奥州経営の中心地は、現在の仙台城付近ではなく、東寄りの多賀城とその周辺にあった。七二二年にはこの地にすでに「陸奥鎮所《むつちんじょ》」が置かれ、七三七年には「多賀柵」が史料に現われる。七八〇年には「多賀城」の名が登場する。

発掘調査が長年にわたり行なわれ、大きく分けて四期にわたる遺構が出土した。六〇〇メートル×一キロ四方という広大なもので、東、西、南に門を配し、中央部に約一〇〇×一二〇メートルの塀に囲まれた政庁があった。

政庁南門と外郭南門は南北道路で結ばれ、外郭東門と西門を結ぶ道路や、官舎や倉庫、鍛冶、漆などの工房が軒を並べていた。

外郭南門の北約三〇メートルの地点には、江戸初期に発見された重要文化財の「多賀城碑」がある。碑を保護するための覆屋《おおいや》は、あの水戸黄門（光圀）が仙台藩四代藩主・伊達綱村に造営をすすめて作らせたものである。現在の覆屋は一八七五年に再建されたものという。

なお、外郭東門跡の北東約一〇〇メートルの地点には「陸奥総社宮《むつそうしやのみや》」がある。祭神は八塩道老翁神《やしおみちおじのかみ》と八塩道老女神《おば》であり、鹽竈神社別宮との関連がみてとれる。

また、政庁跡の北約二〇〇メートルの地点には多賀神社があり、祭神はイザナギノミコトで、『延喜式』に載る古社である。

さらに国府多賀城駅の北約四〇〇メートルの地点には融《とおる》神社があるが、祭神は歌人としても知られ『源氏物語』の主人公・光源氏にも比定される左大臣・源融《みなもとのとおる》である。この一帯は和歌の歌枕「浮島」にあたることが知られる。

国府多賀城駅の東約二キロの地点にも歌枕「おもわくの橋」「野田《のだ》の玉川」にあたる地がある。その他、JR仙石線多賀城駅の南西約一キロの地点にも歌枕「沖の石」「末《すえ》の松山」にあたる地があって、和歌をたしなむ人々が多数訪れる。

多賀城廃寺跡と国司館跡《こくしたちあと》

多賀城跡の南東約一キロには多賀城廃寺跡（特別史跡）がある。一九六一年からの発掘調査の結果、金堂と三重塔、中門や講堂などの伽藍《がらん》跡が出土した。西の山王遺跡から出土した土器に「観音寺」という記述があったことから、これが寺名であるとみられる。

この寺跡から出土する瓦のほとんどが、多賀城創建期の八世紀のものであり、伽藍の中心線が多賀城外郭南辺と直交することから、多賀城の一部として当初から計画されたものと考えられている。

この他、多賀城廃寺跡の西で、古代の直線道路跡が出土した。道跡は多賀城南門から南へ延びる南北大路、そして多賀城南辺と並行して延びる東西大路を縦横の中心線としている。

また、これらの中心線をもとに、それぞれ一町（約一〇九メートル）の小路を格子状に設けていたことがわかった。いわゆる「条坊《じょうぼう》都市」を形成していたことが明らかとなった。

この町の中心である国司館跡《こくしたちあと》は、館前遺跡（特別史跡）と山王遺跡で出土している。館前遺跡は多賀城跡の南東約二キロの丘の上にあり、七棟の建物跡が発掘された。九世紀に多賀城へ派遣された国の長官、国司の館跡とみられる。

また山王遺跡は、陸前山王駅の北西に隣接している。ここからは十世紀の館跡が出土した。三棟の建物跡の他、多量の食器片などが確認されている。「右大臣殿《うだいじんどの》餞馬収文《せんばしゅうもん》」と記された掛軸も出土し、これは館の主が右大臣へ宛てた書状の案文を軸に巻きつけたものとみられ、遺構が国司館跡であることが明らかとなった。

3 松島と奥松島地区

瑞巌寺《ずいがんじ》

松島観光の中心となるのが、松島地区である。中でも瑞巌寺は、その焦点とでも呼ぶべき観光スポットである。

松島海岸駅より北へ約五〇〇メートルほど歩くと「桑海禅林《そうかいぜんりん》」の額を掲げた総門が現われる。総門を潜ると、両脇が背の高い杉並木に覆われた長い参道が続き、やがて中門が見えてくる。

『天台記』によれば、八二八年、淳和《じゅんな》天皇の命により、比叡山延暦寺の慈覚大師《じかくたいし》円仁《えんにん》が創建した延福寺を発端とするという。一一七二年には藤原基衡がこの寺に戒壇《かいだん》（僧侶の資格を与える施設）を設けたとされる。

鎌倉期には五代執権・北条時頼《ほうじようときより》が延福寺を円福寺と改名し、天台宗を臨済宗に改

松島観光の中心スポットとなっている瑞巌寺

政宗の「隠し砦」ともいわれる五大堂

め、関東祈禱所に定めた。

一二八〇年には、時宗の僧一遍がこの寺を訪れている。「一遍上人絵伝」には円福寺が描かれ、基壇上に瓦屋根をもつ朱塗の二階建ての建物であったことがわかる。一九九一年の発掘で基壇と瓦が出土し、この絵を裏付ける結果となった。

しかし火災によって戦国時代の終わりには廃墟同然にまで衰退し、一五七三年頃、京都の妙心寺派に属した。

江戸時代になると、仙台藩初代藩主・伊達政宗が禅僧虎哉宗乙《こさいそういつ》の勧めで寺の再建に着手、一六〇四年から一六〇九年の造営で伽藍を復興させた。現在の桃山様式の本堂などの国宝建築はこの時の建物である。

「慶長十三年」（一六〇八年）銘の鐘には、この時の造営の由来が刻まれている。この鐘銘によれば、政宗自ら縄張り（配置計画）を行ない、梅村家次《うめむらいえつぐ》、形部《ぎょうぶ》国次《くにつぐ》などの名工を招き、材料は紀州（和歌山）熊野から伐り出し運ぶなど徹底している。

内部の障壁画は、仙台藩おかかえの狩野《かのう》左京《さきょう》を中心とした狩野派の絵師などが担当している。

『木村宇右衛門覚書《うえもんおぼえがき》』によれば、政宗は地面に落ちた釘はさびやすいので使用を禁じたといい、細心の注意をもって造営されたことがわかる。

この再興の際、円福寺の寺号を「松島青龍山瑞巌円福禅寺」と改めたという。

一六一一年、イスパニア（スペイン）使節のビスカイノは、瑞巌寺を訪れ、「木造建築として世界に並ぶものはない」と絶賛している。

寺院の中門を潜ると、正面に本堂、右側に庫裏《くり》（台所）が見える。

本堂（国宝）は入母屋造りの瓦葺きで、正面は約四〇メートルもある。素木造りの御成玄関から内部に入ると、書院造りの座敷が一〇室つらなる。藩主が座する上段の間には、火頭窓をかいして武者隠しがあり、いざという時に家来が踊り出てくるといった寸法である。

また家臣の詰所である「文王《ぶんおう》の間」の襖絵《ふすまえ》「四季花卉図《しきかきず》」は藩おかかえ絵師によるものではなく、政宗が招いた絵師長谷川等胤《とういん》らの筆になる。

いっぽう庫裏（国宝）は、切妻瓦屋根にそりがついて入母屋の煙出《けむりだ》しがついている。妻を飾る懸魚《げぎょ》（魚のかたちの火災の魔よけ）がアクセントとなり、木組みと白壁の対比が美しい。

庫裏の脇には宝物館があり、出土品や伊達政宗の等身大の椅像（椅子に座った像）などが展示されている。

なお、瑞巌寺の東隣りには、政宗の正室・愛姫《めごひめ》の菩提寺陽徳院がある。また西隣りには二代藩主・忠宗《ただむね》の嫡子《ちやくし》であり、十九歳で夭折した光宗《みつむね》の菩提寺円通院がある。

その他、瑞巌寺中門の南西には、日吉山王《ひえさんのう》神社があり、比叡山の守護神日吉《ひよし》大社から大山咋神《おおやまくいのかみ》を勧請したものである。もともと比叡山の天台宗寺院として発足したこの寺の守護神である。本殿は素木造りの三間流《ながれ》造りで、一七七〇年の再建によるものという。

五大堂《ごだいどう》

瑞巌寺と国道四五号線を挟み海に突き出した小島の上に瑞巌寺五大堂（重要文化財）がある。

五大堂はもともと瑞巌寺とは個別に存在していたが、一六三六年、瑞巌寺の管理下に入った。

その歴史は平安時代初期までさかのぼる。八〇七年、東北の先住民・蝦夷征服のため、征夷大将軍・坂上田村麻呂が毘沙門天像を祀り、毘沙門堂を建てたのがはじまりという。

田村麻呂は東北遠征の際、京都鞍馬寺の兜跋《とばつ》毘沙門天像に戦勝祈願をし、蝦夷の首長アテルイのたてこもった達谷窟《たっこくのいわや》など東北各地に毘沙門天像を祀っている。

そもそも、田村麻呂が東北征服を命じられたのは、東北の方位が「鬼門」であり鬼が出入りするとして忌み嫌われたからだという。平安京に遷都した桓武天皇がまず最初に行なったのが、東北の比叡山を最澄に与え、のちの延暦寺を建てさせ、都の総鎮護としたことであった。

その延長として、さらに東北に位置する現在の五大堂の地に毘沙門堂を建て、鬼門鎮護としたのではないだろうか。

というのも、のちの八二八年、延福寺（瑞巌寺）創建のために訪れたのは比叡山延暦寺の慈覚大師円仁であり、延暦寺の「延」をつけて延福寺とし、また五大明王像を安置して毘沙門堂を五大堂としたからである。

つまり、鬼門鎮護を最も重視する比叡山の高僧が、田村麻呂の建てた鬼門鎮護の聖地に中央から派遣され、鬼門封じをより強化したものともとれるのだ。

田村麻呂が征服するまでは、蝦夷は中央勢力に対し、たびたび反乱を起こし、陸奥統治の要所で鎮守府の置かれた多賀城が落とされるなど、中央勢力に脅威を与えていた。田村麻呂が数万人の蝦夷を虐殺したとしても、その怨霊が再び恨みをもって跋扈《ばっこ》するに違いない。

そこでさらに、のちの瑞巌寺である延福寺を造営して強化、天台密教をもって怨霊封じを行なったのだろう。

その後、五大堂は八幡荘《やはたのしょう》（現在の多賀城市）地頭《じとう》や亘理《わたり》郡地頭武石《たけいし》氏が鐘を鋳造して奉納するなど、中央だけでなく東北周辺の信仰を集めるようになる。

現在の建物は一六〇四年、伊達政宗が紀州の名工・鶴衛門家次《つるえもんいえつぐ》に命じて再建させたものという。朱色に塗られた橋を渡り、聖域に入る。

橋を落とせば砦となるため、政宗の隠し砦という説もある。素木の三間×三間宝形造りで、東西南北の方位に合わせて十二支の彫刻が巧みに施されている。内部は見ることができないが、格天井をもち、彩色された家形厨子（重要文化財）の中に平安時代のケヤキ材一木造りの五大明王像（重要文化財）を安置している。

観瀾亭《かんらんてい》

松島の大小二百六十余りの島々の景観は、俳人・松尾芭蕉も「扶桑《ふそう》第一」と絶賛している。この景観のビュースポットとして絶好の地にその建物が建つ。松島海岸駅から北東へ約五〇〇メートルほど歩くと、月見崎と呼ばれる小高い丘の上に開放的な外観の観瀾亭がある。

伝承によれば、観瀾亭は伊達政宗が太閤・豊臣秀吉より譲り受けた京都伏見城の建物であったとされる。すなわち当初、伊達藩江戸屋敷に移建され、さらに伊達藩二代藩主・忠宗が現在地に移したというのである。

しかし、現存する建物は、近年発見された「御仮屋絵図」の描写などから、正保から慶安年間（一六四四〜五二年）の火災後、移建されたものであることが明らかとなった。

八・五間×五間の寄木《よせき》造り、柿葺《こけらぶ》き屋根をもち、内部は床間の壁や襖絵に障壁画が描かれている。

最初は仙台藩主の御仮屋御殿《おかりやごてん》として建てられたとみられ、「観瀾亭」の命名は五代藩主・吉村である。

また観瀾亭に隣接して建つのが松島博物館である。中世から近世にかけての武家ゆかりの物を展示している。

さらに観瀾亭の敷地にある「どんぐりころころの碑」は、大正時代に松島での幼き日を思い出して青木存義《ながよし》が童謡「どんぐりころころ」の詞を書いたことを記念して立てられたものという。

なお、観瀾亭の南に浮かぶ島が雄《お》島で、朱塗りの渡月橋が架けられている。修行僧の霊場の一つとなっており、石仏や岩窟が数多く現存する。

また九〇〇メートルほど西へ歩くと、高台に「西行戻しの松」があり、ここもまた松島を代表するビュースポットの一つである。

伝承では、歌人西行が牛飼いの老人から「伊勢の海阿漕《あこぎ》が浦に引き綱もたび重なればあわれやせん」という古歌を教えられ、この歌を知らなかったことを恥じて、西行は松島に立ち寄らず引き返したという。

さらに観瀾亭正面に見える福浦島《ふくうらしま》は、松島海岸と福浦橋で結ばれており、歩いて渡ることができる。

4　仙台の東照宮

伊達政宗

松島、そして仙台といえば、伊達政宗を避けて通ることはできない。伊達政宗は一五六七年、山形県米沢城で生まれた。伊達氏十六代・輝宗《てるむね》を父とする。幼名は梵天丸《ぼんてんまる》、幼少期に水疱瘡をこじらせ片目を失ったという。一七歳で伊達家を継ぎ、二三歳の時、南奥州の支配者となった。

一五九〇年、豊臣秀吉の小田原攻めに遅参したため、罰として会津《あいづ》、安積《あさか》、岩瀬《いわせ》の領地を没収された。一五九三年には秀吉の命で朝鮮出兵にも参陣している。関ヶ原の戦いの際は徳川方に味方し、家康から仙台藩六十二万石を安堵された。

江戸時代以降、仙台城を居城とし、文化事業にも大きな足跡を残した。大崎八幡宮や陸奥国分寺薬師堂、仙台東照宮、前述の瑞巌寺などの創建に着手した。

また茶道では、千利休の七人の高弟である七哲のひとり古田織部《ふるたおりべ》と親交をもち、自ら茶杓《ちゃしゃく》を作った。さらに能書家としても知られ、和歌は関白・近衛信尋《このえのぶひろ》から絶賛された。能楽にいたっては年間二万石も費やし、その発展につくしたといわれる。

一六一三年には、支倉常長《はせくらつねなが》らをローマに送り、独自に海外と連携を図ろうとした。一二〇万石の加賀藩に次ぐ、六二万石の外様大名として、徳川初代将軍・家康や二代・秀忠から後事を託されている。

一六三六年に死去すると、仙台経《きよう》ケ峯《みね》に埋葬され、霊廟・瑞鳳殿《ずいほうでん》が造営された。遺体の調査によると、身長は一五九センチ、血液型はB型であったことが明らかになっている。

大崎八幡宮

ＪＲ国見駅から歩いて約十五分、関山街道の起点に大崎八幡宮があり、門前町を形成する。

『安永風土記《あんえいふどき》』によると、征夷大将軍・坂上田村麻呂が胆沢《いさわ》城（岩手県奥州市）に創建した鎮守府《ちんじゅふ》八幡宮を勧請したのがはじまりだという。

一六〇四年、伊達政宗は仙台城下鎮護のため、城の乾《いぬい》（北西）の位置に三年の歳月をかけて大崎八幡宮を造営した。大工はわざわざ京都から日向守家次《ひゅうがのかみいえつぐ》、紀州（和歌山県）より刑部左衛門国次《きょうぶざえもんくにつぐ》を招いて工事にあたらせている。

二〇〇二年から行なわれた解体修理では、棟木から京都大工の勘吉のいたずら書き「しろぬたこくに宮をたておく」が発見された。

また飾り金具もその銘より京都の職人の作であることが判明し、天井画や壁画は藩おかかえの絵師狩野左京の作であることが明らかとなった。

社殿（国宝）は本殿と本殿を拝むための拝殿を石の間でつなぐ権現《ごんげん》造りをもち、権現造りとしては日本最古の建築の一つという。のちに日本各地に建てられる東照宮の建築様式の元祖である。

本殿は五間×三間、拝殿は七間×三間の規模をもち、共に入母屋造りの柿葺き屋根となっている。権現造りの特徴で極彩色に彩られ、また組物や彫刻は、中国の説話や神獣、道教や仏教を題材にしたものが組み合わされている。

本殿内陣はご神体を祀るため非公開だが、山水画が描かれる。また石の間の天井は格子状の「格天井」となっており、各格子の中に草花が描かれている。神の世界は生き物のいない山水、人と神が出会う石の間は生きる植物の画題として、それぞれの性格に対応したものとみられる。

なお拝殿は折上格天井となっており、武家の住居形式である書院造りの要素を取り入れ、完全な人に対応した空間となっている。

本殿の前に横たわる建物が長床（重要文化財）である。九間×三間で入母屋造り柿葺きの屋根をもち、正面中央に軒唐破風《のきからはふ》がある。中央に通り土間があり、両脇は板張りの床となっている。「割拝殿《わりはいでん》」と呼ばれる形式の変形といってよく、非常に珍しい。

石鳥居は一六八八年、仙台藩四代藩主・伊達綱村が寄進したものという。花崗岩を材質としており、県内の鳥居の中では、後述する仙台東照宮の石鳥居に次いで古い。

例大祭は毎年九月十四、十五日に行なわれ、十四日の宵《よい》には能神楽が長床で奉納される。また十五日には馬上から矢を射る流鏑馬《やぶさめ》が催される。

また毎年一月十四日には松焚祭《まつたきまつり》（どんと祭）があり、松飾をもちよって焼納する。正月の神を送り、厄を落とす行事である。

また同時に開催される裸 祭《はだかまつり》は、酒造りを行なう杜氏《とうじ》が身を清めるために参拝したのが始まりとされる。

大崎八幡宮の参道の途中には龍宝寺《りゆうほうじ》があり、明治期の神仏分離までは一対の存在であった。伊達家の祈禱所であった。

本尊は釈迦の修行中の姿を写した清涼寺式釈迦如来立像（重要文化財）であり、もと福王寺にあった像という。清涼寺式釈迦如来立像は全国に一〇〇体ほど現存するが、当寺の本尊はその北限といわれる。

四ッ谷用水

伊達政宗は寛永年間（一六二四〜四四年）、川村孫兵衛重吉《まごべえしげよし》に命じて「八幡堤」と呼ばれる堰《せき》を設けて潜《くぐ》り穴を通し、仙台城下を流れる四ッ谷用水の造営を始めた。元禄年間（一六八八～一七〇四年）には、総距離四四キロを誇る用水が完成したという。

生活用水として利用された他、消火活動にも用いられ、大火の際には水量を増やしたといわれる。また灌漑《かんがい》用水として田畑の開発を容易にし、さらに水車の動力源となり精米や製粉、機織りに利用された。

現在は大崎八幡宮の階段手前の石積みの堀や郷六《ごうろく》の取水口など、一部しか見ることはできないが、用水そのものは道路の下を今も通過し、利用されている。

こうした城下の用水は、各藩で江戸初期に集中して造られた。例えば金沢城下では一六三二年、犀川《さいかわ》の水を兼六園《けんろくえん》経由で金沢城まで運ぶ辰巳《たつみ》用水を造っている。総全長一二キロ、サイフォンの技術が応用されているという。

また、岡山城下でも一六八七年、岡山後楽園の造営に着手する際、池の水は旭川の五キロ上流の水を引き入れ、河川の下を兼六園同様、サイフォンの技術で強引に潜らせて造り出している。

どちらも大名庭園の造営としつつも、実は万が一の場合には、堀となり井戸となって籠城に役立つ軍事的施設ともなっているのだ。

それでは仙台城下の四ッ谷用水は、はたして軍事的施設という役目をもたなかったのだろうか。四ッ谷用水はおそらく軍事的側面をもっていたであろう。というのも、序章で述べたとおり、伊達政宗は松島の瑞巌寺や観瀾亭にすら軍事的側面をもたせたふしがあるからにほかならない。仙台城に万が一のことがあった時に、藩主が退避できるよう要塞化が図られたというのだ。

政宗が本拠である仙台城と城下に軍事的要素を施したとしても、まったく不自然ではないのである。

前述の金沢城の辰巳用水を造ったのは加賀一二〇万石の外様大名、岡山城にしても豊臣秀吉が養父となって育て、関ヶ原の戦いでは迷わず豊臣方の西軍についた宇喜多《うきた》秀家《ひでいえ》が創建した城である。

仙台城の伊達家にしても六二万石の外様大名であり、いつなんどき徳川幕府にお取りつぶしにされるかわからない。いざともなれば、一矢報いる術を用意したことは十分考えられることである。

金沢城が兼六園を、岡山城が岡山後楽園を軍事目的の用水の偽装に利用したように、仙台城は大崎八幡宮が四ッ谷用水の軍事的目的の偽装に用いられたとも考えられるのである。

支倉常長遣欧使節《はせくらつねながけんおうしせつ》

伊達政宗は、仙台藩とスペインとの通商やキリスト教宣教師の派遣を求め、支倉常長をヨーロッパに遣わした。

一六一三年九月、常長は宣教師ソテロらとともに、牡鹿《おじか》半島の月の浦からサン・ファン・パウチスタ号で出港。太平洋からメキシコに至り、さらに大西洋を経由して一六一五年、ついにスペインのマドリッドに到着した。

常長らはスペイン国王フィリップ三世に謁見して、伊達政宗の親書を手渡し、同時にキリスト教の洗礼を受けたという。

その後常長らは、イタリア・ローマで教皇パウロ五世にも謁見がかなった。またローマの市民権や貴族の称号も得たといわれる。

しかし、肝心の貿易とキリスト教宣教師の派遣については返事をもらうことなく、一六二〇年、月の浦に帰還しなければならなかった。

こうして、政宗の独自の外交と通商という野望は夢と潰《つい》えた。

その後、徳川幕府のキリスト教禁令策が日に日に強まる中、仙台藩もキリシタン弾圧にのり出して行くしかなかった。

常長は一六二二年、無念のうちに五二年の生涯に幕を降ろした。常長らのあとを追って、再来日を果たした宣教師ソテロも長崎で弾圧にあい、一六二四年火あぶりの刑で殉教した。

現在、仙台城跡に通じる仙台大橋の東のたもとにキリシタン殉教の碑がある。一六二四年二月、ポルトガル人神父のカルヴァリオら九名のキリシタンが広瀬川で水攻めの拷問を受け、殉死した場所である。

また仙台城下の光明寺には、支倉常長の墓とされる五輪塔と宣教師ソテロの記念碑がある。

常長の死の約一七〇年後、石巻の米沢屋《よねざわや》平《へい》之丞《のじょう》の持船若宮丸《わかみやまる》は、仙台藩の用材と廻米一三〇〇俵と船員一六名を乗せて江戸へ出航した。しかし遭難して約半年の漂流後、ロシアの小島へ漂着したという。

生存者一〇名のうち、四名が帰国を希望したため、通商要求のために日本へ派遣されたナジェージダ号で大西洋を横断し、マゼラン海峡を通過して太平洋を航行、一八〇四年長崎へ無事生還し、日本人として初めて世界一周を体験した。

このように顧ると、東北の中核都市仙台は、キリスト教禁令と鎖国のさなか、いかに国際的な都市であったかがうかがえよう。

仙台東照宮

JR東照宮駅から約二〇〇メートルの地点に、徳川家康を祭神とする仙台東照宮がある。

仙台藩二代藩主・伊達忠宗は、一六三七年の大水害復旧の費用として幕府から銀五〇〇〇貫を借用した。その恩返しのために、忠宗は三代将軍・徳川家光に東照宮造営を願い出て許されたという。

そこで一六四九年、富塚重信《とみづかしげのぶ》、山口重如《やまぐちしげよし》を作事奉行とし、梅林彦作《うめばやしひこさく》を大工棟梁として仙台東照宮の造営に着工し、一六五四年完成した。

さらに境内に仙岳院《せんがくいん》が創建され、成就院《じょうじゅ》、延寿院《えんじゅ》、宝蔵院《ほうぞう》などの子院が立ち並んだという。毎年九月十七日の祭礼は「仙台祭」と呼ばれ、藩主が在国の年は、仙台城下一八町の山鉾が神輿の前に担ぎ出されて美しさを競い合ったという。

石鳥居（重要文化財）は、忠宗夫人の郷里岡山から花崗岩を取りよせて造ったものといわれる。塗御橋《ぬりおはし》を渡って石段を昇ると両側には伊達家家臣の寄進した石灯籠三七基が立ち並び壮観が広がる。

参道の石段を昇り切った所に随身門（重要文化財）があり、ケヤキの素木造で三間一戸の八脚門《やつあし》となっている。入母屋造り、銅板葺きの屋根をもち、軒は三手先、複雑な組物を見せる。左右に徳川の重臣・本多忠勝《ほんだただかつ》と藤堂高虎《とうどうたかとら》の像が配されている。

拝殿はケヤキ造りで一間の向拝《こうはい》をもち、背後には幣殿を設ける。一九六四年の復元

仙台東照宮　随身門

によるものである。

本殿（重要文化財）は、日光東照宮の権現造りとは異なり、拝殿と本殿を石の間でつなぐかたちではなく、別棟となっている。正面には華やかな唐門（重要文化財）を構え、その両脇には連子窓で上部を透かした透塀《すきべい》（重要文化財）が本殿を囲んでいる。

本殿もケヤキで造られ、三間×二間となっている。正面以外の三面に縁側をもち、正面には一間の向拝が設けられている。屋根は入母屋造り、銅瓦葺きで、頂きに千《ち》木《ぎ》、鰹木《かつおぎ》をのせ、軒は二手先《にてさき》となっている。

唐戸《からど》には天女と唐獅子《からじし》の浮彫《うきぼ》りが施され、框《かまち》には徳川家の紋である三葉葵《みつばあおい》の飾り金具が用いられている。

内部は外陣《げじん》が畳敷《たたみじ》きの格天井となっており、黒い漆《うるし》塗《ぬ》りの格子と格子の中の金箔の対比が鮮やかだ。内陣は折上格天井で、中央に朱塗りの須弥壇《しゅみだん》を設けている。その上に家康像を収めた豪華な蒔絵が施された家形厨子《やがたずし》を安置している。

なお仙岳院の瑠璃殿《るりでん》には、明治期に解体された東照宮薬師堂の本尊薬師如来像と十二神将像などが公開されている。

瑞鳳殿《ずいほうでん》

瑞鳳殿は一六三六年、七〇歳で生涯を閉じた仙台藩初代藩主・伊達政宗の霊廟である。政宗の死の翌年の一六三七年、遺言により仙台城下を一望できる経ケ峯《きょうみね》に造営された。

涅槃門《ねはんもん》、拝殿、唐門、本殿、御供所などからなり、豪華絢爛な建造物は二代藩主・忠宗の廟所感仙殿《かんせんでん》とともに国宝に指定された。しかし三代藩主・綱宗《つなむね》の廟所善応殿《ぜんのうでん》とともに戦災で消失してしまった。

現在の瑞鳳殿は一九七九年に、感仙殿と善応殿は実測図をもとに忠実に復元再建されたものである。

再建に先立ち行なわれた発掘調査では、墓室から三人の藩主の遺骨や甲冑、文具など、数多くの副葬品が見つかった。三人の体格や骨組が推定されたほか、七〇歳で亡くなった政宗の頭髪が黒々と残っていたことも話題を呼んだ。

また政宗の墓室からは、ヨーロッパの素材を使ったえんぴつや金のブローチ、板ガラス付きの筆入れなどが発見され、彼の国際性が確認された。

なお、瑞鳳殿へ上る坂の中腹東側には、政宗の香華所《こうげ》として創建された瑞鳳寺《ずいほうじ》が建つ。一六三七年に鋳造された梵鐘や、三代・綱宗の側室の邸宅の門を移した山門がある。

瑞鳳殿は、政宗の偉業をしのび、たたえるために訪れる人々によって、焼香の煙が絶えたことはない。

おわりに

これだけ数多くのガイドブックや歴史書が著されてきたのに、日本三景について総合的にまとめた本がほとんどなかったことにまず驚きを感じた。次に日本三景が一本の直線上にぴったり位置することに、従来誰も気づかなかった点にも大変驚いた。

その理由はおそらく日本の学問体系にあって、これまで建築史や造園史、歴史地理などバラバラになっていた専門分野をすべて総動員しなければ解決できない立場に、日本三景があったからにほかならない。

筆者は従来、常識的に行なわれてきた専門別縦割りの学問構造を、あえて横にわたった研究を得意としてきた。

本書は、建築、造園、地理などの歴史に加え、さらに仏像史を援用し、これまで体系的にとらえることが難しかった日本三景について、まとめることがかなった。

今後は「景観史」とでも呼ぶべきこの新しいジャンルの構築に関わっていきたいと

思っている。

本書の編集にあたっては、祥伝社黄金文庫編集部編集長吉田浩行氏のお手を煩わせた。執筆中に交通事故で入院し、いまだリハビリ中の筆者へムチで打つように、的確な指示を出してもらったお蔭で、なんとか年内に出版がかなった。執筆当初は「右頬陥没骨折」の影響で、右眼の視力が低下しており、ほとんど見えない中での執筆だったが、脱稿間近には、正常に戻ったのが嬉しかった。

これまで『日光東照宮　隠された真実』、『善光寺の謎　今明かされる「怨霊封じ」の真実』と同編集部より出版してきたので、そちらもできれば皆様に読んでいただきたいと思う。

天橋立はカニ、宮島はアナゴ、松島はカキが有名だ。名物を味わいながら四季折々の日本三景の旅を楽しんでいただきたい。その時、本書が皆様の手元にあるのを願ってやまない。

青葉山の見える書斎にて　　宮元健次

参考文献

『塩竈・松島―その景観と信仰』瑞厳寺　二〇〇八年
宇野茂彦『叢書・日本の思想家２儒学篇』明徳出版社　一九九二年
宮元健次『神社の系譜　なぜそこにあるのか』光文社　二〇〇六年
山田安彦『古代の方位信仰と地域計画』吉川弘文館　一九八六年
荻原千鶴『出雲国風土記』講談社　一九九九年
本居宣長撰『古事記伝』全四冊　岩波書店　一九四〇年
倉野憲司校注『古事記』岩波書店　一九九一年
坂本太郎他校注『日本書紀』全五巻　岩波書店　一九九四〜一九九五年
吉野裕訳『風土記』平凡社　一九六九年
宮元健次『日本の美意識』光文社　二〇〇八年
宮元健次『聖徳太子　七の暗号』光文社　二〇〇九年
京都府竹野郡役所『丹後国竹野郡誌』（京都府郷土誌叢刊第十冊）臨川書店　一九八五年

司馬遷『史記』全八巻　徳間書店　二〇〇五～二〇〇六年
山口正雄『高天原（邪馬台国）と天孫降臨　丹後の古代史―焼畑から稲作へ』　タニハ古代研究会　一九九四年
伴とし子「古代丹後王国は、あった―秘宝『海部氏系図』より探る」　MBC21京都支局・すばる出版　一九九八年
杉山二郎『大仏再興』学生社　一九九九年
宮元健次『仏像は語る　何のために作られたのか』光文社　二〇〇五年
田中八郎『大和誕生と水銀　土ぐもの語る古代史の光と影』彩流社　二〇〇四年
前田晴人『桃太郎と邪馬台国』講談社　二〇〇四年
田中卓著作集『新撰姓氏録の研究』国書刊行会　一九九六年
宮元健次『近世日本建築の意匠―庭園・建築・都市計画、茶道にみる西欧文化―』雄山閣　二〇〇五年
宮元健次『月と日本建築　桂離宮から月を観る』光文社　二〇〇三年
宮元健次『名城の由来　そこで何が起きたのか』光文社　二〇〇六年

一〇〇字書評

切り取り線

購買動機（新聞、雑誌名を記入するか、あるいは○をつけてください）

□（　　　　　　　　　　　　）の広告を見て
□（　　　　　　　　　　　　）の書評を見て
□ 知人のすすめで　　□ タイトルに惹かれて
□ カバーがよかったから　　□ 内容が面白そうだから
□ 好きな作家だから　　□ 好きな分野の本だから

●最近、最も感銘を受けた作品名をお書きください

●あなたのお好きな作家名をお書きください

●その他、ご要望がありましたらお書きください

住所	〒				
氏名		職業		年齢	
新刊情報等のパソコンメール配信を 希望する・しない		Eメール	※携帯には配信できません		

あなたにお願い

この本の感想を、編集部までお寄せいただけたらありがたく存じます。今後の企画の参考にさせていただきます。Eメールでも結構です。

いただいた「一〇〇字書評」は、新聞・雑誌等に紹介させていただくことがあります。その場合はお礼として特製図書カードを差し上げます。

前ページの原稿用紙に書評をお書きの上、切り取り、左記までお送り下さい。宛先の住所は不要です。

なお、ご記入いただいたお名前、ご住所等は、書評紹介の事前了解、謝礼のお届けのためだけに利用し、そのほかの目的のために利用することはありません。

〒一〇一-八七〇一
祥伝社黄金文庫編集長　吉田浩行
☎〇三（三二六五）二〇八四
ohgon@shodensha.co.jp

祥伝社ホームページの「ブックレビュー」からも、書けるようになりました。
http://www.shodensha.co.jp/bookreview/

祥伝社黄金文庫

祥伝社黄金文庫　創刊のことば

「小さくとも輝く知性」――祥伝社黄金文庫はいつの時代にあっても、きらりと光る個性を主張していきます。

真に人間的な価値とは何か、を求めるノン・ブックシリーズの子どもとしてスタートした祥伝社文庫ノンフィクションは、創刊15年を機に、祥伝社黄金文庫として新たな出発をいたします。「豊かで深い知恵と勇気」「大いなる人生の楽しみ」を追求するのが新シリーズの目的です。小さい身なりでも堂々と前進していきます。

黄金文庫をご愛読いただき、ご意見ご希望を編集部までお寄せくださいますよう、お願いいたします。

平成12年(2000年)2月1日　　祥伝社黄金文庫　編集部

日本三景《にほんさんけい》の謎《なぞ》　天橋立《あまのはしだて》・宮島《みやじま》・松島《まつしま》――知《し》られざる日本史《にほんし》の真実《しんじつ》

平成22年10月20日　初版第1刷発行

著者　宮《みや》元《もと》健《けん》次《じ》

発行者　竹内和芳

発行所　祥《しょう》伝《でん》社《しゃ》

東京都千代田区神田神保町3-6-5
九段尚学ビル　〒101-8701
☎03(3265)2081(販売部)
☎03(3265)2084(編集部)
☎03(3265)3622(業務部)

印刷所　堀内印刷

製本所　ナショナル製本

ISBN978-4-396-31526-9 C0195

祥伝社のホームページ・http://www.shodensha.co.jp/

祥伝社黄金文庫

宮元健次　日光東照宮　隠された真実

造営にかかわった、狩野探幽、天海、小堀遠州…彼らを知らずに、東照宮は語れない。

宮元健次　善光寺の謎

7年に1度の御開帳が意味するものはなど、できる限り謎のベールをはがすことが、本書の目的である。

井沢元彦　日本史集中講義

点と点が線になる——一冊で、日本史が一気にわかる。井沢史観のエッセンスを凝縮！

河合　敦　驚きの日本史講座

新発見や研究が次々と教科書を書き換える。「世界一受けたい授業」の人気講師が教える日本史最新事情！

高野　澄　奈良1300の謎

「平城」の都は遷都以前から常に歴史の表舞台だった！　時を超えて奈良の「不思議」がよみがえる！

高野　澄　伊勢神宮の謎

なぜ「内宮《ないくう》」と「外宮《げくう》」に分かれているのか、なぜ二十年ごとに再建されるのか等々、二千年の謎に迫る。